小学数学结构化
单元教学丛书

吴正宪　武维民　张秋爽　丛书主编

平均数

张秋爽　施银燕　刘伟男　主编

教育科学出版社
·北京·

丛书主编

吴正宪

北京教育科学研究院正高级教师，北京市特级教师，全国模范教师。中国教育学会小学数学教学专业委员会理事长，教育部基础教育教学指导委员会数学教学指导专委会副主任委员，义务教育数学课程标准修订组成员。

武维民

正高级教师，北京市特级教师，北京市房山区教师进修学校副校长，“国培计划”专家，吴正宪小学数学教师工作站核心组成员。先后获得全国优秀教师、全国五一劳动奖章等荣誉。参与研究的成果荣获基础教育国家级教学成果奖一等奖。

张秋爽

正高级教师，北京市特级教师，北京市顺义区教育研究和教师研修中心小学数学教研员，吴正宪小学数学教师工作站核心组成员。作为副主编参与了6本书的编写，参与研究的成果荣获基础教育国家级教学成果奖一等奖。

本书主编

张秋爽

详见丛书主编。

施银燕

正高级教师，北京市特级教师，数学教育博士。现任北京市正泽学校数学教师。长期致力于生长性数学教学的探索与实践，主持多项北京市教育科学规划课题，出版个人专著1部、译著多部，发表文章80余篇。参编人教版小学数学教材，曾在国际数学教育大会上做论文交流。

刘伟男

北京市东城区史家胡同小学数学教师，东城区学科带头人、教育新秀。曾获北京市“京教杯”青年教师教学基本功比赛一等奖，参与研究的课题获北京市基础教育教学成果一等奖，撰写的文章获北京市特等奖、一等奖，并在《光明日报》《中国教育报》《人民教育》《小学数学教师》等报刊发表文章40余篇。

目录

丛书序

序一：跟吴正宪学当老师

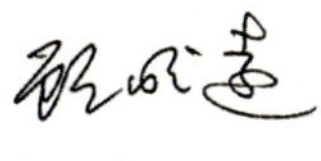

我常说：课堂教学是立德树人的主渠道，落实“双减”、提高教育质量，都要落实到课堂教学上。上好每一节课，教好每一个学生，学生的作业负担就会减轻。学生就有时间锻炼身体、走向自然、走向社会，参加他喜爱的活动；并且能够提高对学习的兴趣，提高学习效率。这样，才能真正做到德智体美劳“五育”并举，培养有理想信念、有真实本领、奉献祖国的一代新人。

怎样做到上好每一节课，教好每一个学生？这就要向吴正宪老师学习。我曾经为《跟吴正宪学教数学》《跟吴正宪学当老师》等书作过序。这些书是她的弟子——一批年轻教师记录的吴正宪老师教书育人、做人做事等方面的故事，以及他们的感悟。他们透过一个个鲜活的故事，讲述吴正宪老师的教育思想和教学艺术，讲述吴正宪老师怎样手把手地引领年轻教师的成长。今天，教育科学出版社又策划编辑出版“小学数学结构化单元教学丛书”。正如出版社编辑所说：“这不仅是一套指导小学数学教师如何结构化教学的书，也是一套结构化解密吴老师教学艺术的书，要让吴老师变得‘可学’。”吴正宪小学数学团队的老师们经过近5年的现场听课、研磨讨论，再一次总结了吴老师的教育思想和教学艺术，以结构化单元教学为载体，通过多个板块设计解开吴正宪教学艺术的秘密，让被很多老师认为“不可学”的吴老师变得“可学”。

吴正宪老师的教育思想和教学艺术有哪些特点呢？我认为：第一，吴老师热爱孩子，热爱教育事业，她把自己的生命融入小学数学教育。这是当好教师的根本。第二，吴老师不仅具有扎实的数学功底，而且具有广阔的视野，不是孤立地注重眼前的教学，而是研究儿童，联系整个的教育事业，在几十年的数学教育生涯中建立了儿童数学教育理论体系。第三，吴老师了解儿童、尊重儿童，把儿童作为学习的主体，充分发挥学生的主动性和积极性。第四，吴老师在教学中不是孤立地上好一节课，而是深入钻研数学课程和教材，抓住了数学的大概念、数学课程的整体结构和基本概念，重视儿童思维的发展，避免知识的孤立化、碎片化。她的教学明快流畅，紧扣主题，启迪思维，步步深入，引人入胜。

这套书主要以小学数学核心内容和吴正宪老师对于该内容的关键课为载体，记录了吴老师真实的课堂教学过程，并通过一线教师和教研员的互动讨论、吴老师开讲、专家点评等内容，来展示吴老师的教育思想和教学艺术。特别是课例以《义务教育数学课程标准（2022年版）》为指导思想，努力体现新课标的新要求，从内容结构化的整体视角设计教学活动。这套书中的每本书在成书时分别聚焦一个领域某个主题下的关键课，这样，整套书就几乎涵盖了小学数学的全部关键课。

我相信读者通过这套书，可以更深入地向吴正宪老师学习，将来成为一名像吴老师一样的优秀教师。

（顾明远，北京师范大学资深教授，国家教育咨询委员会委员，中国教育学会名誉会长。）

序二：关注数学本质　遵循认知规律　促进思维发展

史宁中

《义务教育数学课程标准（2022年版）》（简称“2022版课标”）颁布之际，我收到了“小学数学结构化单元教学丛书”书稿，这是吴正宪小学数学教师团队献给广大一线教师的一套教学实践指导书。书中所呈现的内容，是吴老师几十年小学数学教学的精华，是她对小学数学教学实践探索和理论思考的结晶，是一个教学团队成长与研究历程的记录，也是她的同伴、学生以及家长对一名小学数学教师的认可与尊重。从这套书中，我更加清晰了一个印象：吴老师是一位儿童数学教育家。

吴正宪老师不仅自己努力践行儿童数学教育，还努力把自己的教学实践条理化，转化为可以推广的育人规律，让更多的老师获得数学教育的智慧，让更多的儿童享受美好的数学教育。

一、把握数学育人理念

落实教育要立德树人的根本任务，教育理念至关重要。现代的教育理念提倡的是“以人为本”，以此替代传统的“以知识为本”。我想，以人为本的含义主要包括两个方面：一个方面是学会站在儿童的立场上去思考问题，践行尊重的教育；另一个方面是注重儿童的全面发展，实行素质教育。吴老师的教育教学理念充分体现了这两个方面，她自己概括为：“走进儿童心中，读懂儿童需求，站在儿童的角度看数学，按照儿童认知规律和心理需求设计、组织教学。”她认为，每一个儿童都是活生生的人，要努力地读懂儿童，真诚地和他们交朋友，友善地走进他们的心灵，努力把自己的生命和孩子们的生命融在一起，使他们迸发出情感与智慧的火花。我曾经听过吴老师的几节课，无论是多么陌生的学生，吴老师都能很快地与学生融为一体，活跃着课堂，吸引着学生与她一起思考，这正是对这种教育教学理念最好的实践。

2014年的《光明日报》发表了吴正宪主笔撰写的《从数学教学走向数学教育》系列文章，她提出数学教育要为儿童终身可持续发展服务，为儿童的全面成长服务。在课堂中发生的一个个她与儿童的小故事打动着听课老师们的心，她让儿童数学课堂更温暖、更友善、更智慧。由此可见，吴正宪老师不仅有着现代的教育教学理念，更可贵的是能够把理念转化为教育教学行为，在数学课堂中进行实施。

二、把握数学教育本质

把握学科知识和学科思想是实现育人理念的基础。一名优秀的教师在把握学科知识方面，应当更侧重于了解知识的产生过程、知识之间相互的联系以及整个知识体系的框架，从中理解学科知识本身的思维形式和思维方法。学科思想大体可以分为三个层次：第一个层次是统领学科发展的，比如数学中抽象、推理、模型的思想；第二个层次是影响学科方法的，比如数学中数形结合、递归的思想；第三个层次是解决具体问题的，比如数学中消元法、等量代换的思想。在这套书中，吴老师和她的团队为我们展示的教学实例和教学策略，较好地体现了对数学学科知识和学科思想的把握。比如，以“小数”“百分数”等为主题，系统建构数学知识结构，体现教学内容的结构化整合，引导学生感悟数学本质的一致性；在数学教学的过程中，努力帮助儿童建起核心知识与核心素养的“承重墙”，打通知识之间的“隔断墙”，引导儿童整体把握知识结构，培养儿童的迁移能力。

这套书记录了吴正宪老师课堂教学的现场以及团队老师们研讨的过程，是对吴老师多年教学实践探索的总结，也是吴老师多年教学实践耕耘的成果。早在20世纪80年代初期，吴正宪老师就开始了小学数学教学改革，实验的第一步就是“教材改革”，也就是对教材内容进行重新整合。她根据知识的内在联系和结构关系重新整合成六个知识系统进行教学，调整原教材知识的编排顺序，将零散的知识整合起来，将有联系的内容组织成一个系列，进行整体结构化的教学，缩短了课时，提高了效率，促进了儿童思维发展。这和后续的“教法改革”“学法改革”“考法改革”等一系列的教改实验，形成了她今天教学主张的理论依据，也是形成现在这套书的实践基础。

事实上，对于小学数学，根据儿童的身心发展规律，对数的认识必须借助现实背景，对数的运算必须依赖实际意义，但是，数学的一般性最终要求舍弃认识数的现实背景和理解运算的现实意义，这就是数学化的过程，体现了数学抽象的层次性，实现了小学数学的一致性。要在这样的教学过程中，让儿童感悟符号意识、数感和量感等，形成和发展核心素养。这就是2022版课标确立的核心素养导向的课程目标，重点是对内容进行结构化整合，探索发展儿童核心素养的路径。

三、把握儿童学习规律

一名优秀的教师，必须研究儿童是如何获取知识的。吴正宪老师几十年来一直努力探索和研究儿童数学学习的规律，她说：“作为小学数学教师，我们一是要理解儿童，研究儿童学习的规律；二是要理解数学，研究数学的本质属性；三是要理解数学教育，研究数学教育的规律。只有在理解和研究儿童、理解和研究数学的基础上，才能更好地理解和研究儿童数学教育。”她是这样说的，也是这样做的。

在数学教学中，她善于从哲学的视角审视数学教学，在不断完善儿童的认知结构的同时，让儿童感知认识事物的普遍方法；她特别关注儿童的思维发展，引导儿童在学习活动中积累学习经验，提升观察、猜测、验证、推理及概括的能力。让儿童的思维在跌宕中升华，让儿童在解决矛盾的过程中感受着智力活动的快乐，使儿童能够勇于发现和提出问题，善于分析和解决问题，促进儿童思考能力的提高；她努力让儿童拥有对数学学习的良好感受和丰富难忘的数学活动体验，让儿童经历刻骨铭心的数学学习过程，创设符合儿童年龄特点的活动，在数学学习中激发儿童的兴趣和自信。儿童只有对数学学习产生兴趣，才能积极主动地参与到学习过程之中，牢固与持久地掌握学到的知识与方法，体验到学习数学的快乐。

“小学数学结构化单元教学丛书”凝聚着吴正宪老师及其团队老师们多年探索的心血和成果，他们正是用这种踏踏实实的实践研究，为一线老师们呈现出体现数学本质和儿童学习规律的课堂生活。我相信，一定会有更多的老师，能够从吴老师的儿童数学教育研究中获益，为更多的儿童提供高质量的数学教育。

（史宁中，东北师范大学原校长、教授，2011版、2022版义务教育数学课程标准及2017版普通高中数学课程标准研制组 / 修订组组长。）

序三：引导我们走近2022版数学新课标

孙晓天

吴正宪老师及其核心团队出版的作品总能吸引我。

就像这套“小学数学结构化单元教学丛书”，既有宏观的理论架构，又有微观的细节雕琢，整体上以理论与实践紧密结合的面貌，系统地反映了吴正宪老师的数学教育思想和教学实践经验。该丛书的组织形式也值得称道。通常，丛书作为一种概括性的汇编类图书，在结构上会比较松散，其中每一本书的内容除需要围绕丛书主题之外，没有必然的逻辑关系，对各自的体例和表述方式等一般也不会做统一要求。而这套书的每一本，既可以单独成书，彼此之间又在内容上密切呼应，在思路上高度统一，在写作风格上相当接近。整套书以吴正宪老师的思想、经验和教学实践为主轴，整体上体现出很强的逻辑性和系统性，也就是丛书名中的“结构化”。

这一点非常重要。

因为这种结构化，可以引导读者沿着吴老师“好吃又有营养”的小学数学教学路径，读出丛书内容与新颁布的2022版课标之间的内在联系，也能从吴正宪数学教育思想“朴素、融合、创新、生本”[①]的特点出发，读出丛书内容与义务教育数学课程以“三会”（会用数学的眼光观察现实世界，会用数学的思维思考现实世界，会用数学的语言表达现实世界）为代表的核心素养目标之间的直接关联。如果只是

---

① 详见：孙晓天．让数学“好吃又有营养”（下）：浅析吴正宪的儿童数学教育思想［J］．小学数学（数学版），2019（12）：9-12.

其中一本，读者有可能会沉浸在吴老师的“教学艺术”之中，而有了“结构化”，就有可能从“艺术欣赏”导向“教学解密”了。

以一个读者的眼光，我认为该丛书从整体出发对吴老师的教学过程进行了系统性解密，而这就是从吴老师的思想和实践出发，引导读者走近2022版课标。

伴随着2022版课标的问世，义务教育数学课程发展开始进入一个与全面建设社会主义现代化国家新征程同步的新阶段，理解和把握新课标正在成为每一个中小学数学教师必需的学习任务。这套书的内容和结构，实际上是系统地展现了一种不那么直白、也不贴标签的新课标解读方式，通过剖析与研讨一个个具体教学案例，一本接一本、层层递进地描摹出小学数学如何从真实情境出发，进行结构化单元教学，一步一步走近核心素养，润物无声地呈现出符合2022版课标要求的教学过程所应有的模样及蕴含的道理。这种建立在结构化基础上，寓课标解读于课堂教学实践之中的方式，事实上是为一线教师学习和使用新课标提供了一种能读得进去、易引发思考、可形成共鸣并产生联想的重要学习资源。如同读者在日常教学中需要引导学生主动学习，引领学生走上“学会学习”之路一样，这种表达形式有助于激发一线教师理解和把握新课标的主动性，为他们以参与、合作、互动的主动学习方式理解和运用新课标提供重要的参考。

需要注意的是，每到学习新课标的时候，读者最先关注的往往是具体教学内容的变化。其实，每个版本的新课标之“新”，都不在于某个具体内容，而在于目标的变化。而目标的变化意味着教学的变化，教学不变，什么都不会变，即使教材写得再精彩、“教参”编得再圆满，恐怕都不行。

举个例子：“万以内数的认识”在2000年之前教学大纲中的提

法是“万以内数的读法和写法”；《义务教育数学课程标准（2011年版）》（简称“2011版课标”）中的提法是“在现实情境中理解万以内数的意义，能认、读、写万以内的数”；2022版课标中的提法是“在实际情境中感悟并理解万以内数的意义”，学业要求仍然是“能认、读、写万以内的数”。

容易看出，“能认、读、写……”的要求，或者说与知识本体相关的目标，几十年来一直没怎么变。而对于如何达成这个“能认、读、写……”的要求一直在变化之中，“现实情境、实际情境、感悟、理解、意义……”，可以说是在不断“加码”。

改革意味着更新，这些不断“加码”的要求，代表着数学课程的发展方向。

问题是，如果置这些“加码”于不顾，就以传统的、直截了当的方式进行教学，学生肯定也能学会“认、读、写万以内的数”。所以，不断“加码”的目标肯定不在于知识本体，而在于这个知识是否与“学会学习”有关，是否以“知识见识”并重的方式得来。所以，由每一版新课标代表的数学课程的更新，都是不断地把以知识技能（“双基”）为目标的数学课程，扭转到以核心素养为目标的方向上来的，因为核心素养是能伴随学生进入成人社会的“持久的能力”，是义务教育课程“基础性”的体现。而培育核心素养，就须臾离不开“现实情境、实际情境、感悟、理解、意义”等，所有的“加码”都是培育核心素养的要求使然。

如果这些“加码”仅仅在标准里露面、在教材里精彩、在“教参”里圆满，而教学不变，它们统统都可能可有可无，甚至成为泡沫。所以，教学不变，什么都不会变。教学的改变决定着推进落实新课标的成色。

这套书就是关于如何走近2022版课标的教学叙事，在一个体现结构化的框架下，每一本都以核心素养的主要表现为目标，通过吴正宪老师在课堂上的现身说法，详尽地给出了小学数学教学为什么要变、应该怎么变、要变成什么样子的系统答案，解密了“实际情境、感悟、理解、意义”等，以及需要在怎样的教学氛围里、在何种教学形式的引导之下，才能把数学知识与核心素养融为一体。

该丛书的出版可说是恰逢其时，对引导广大教师改进教学，推进落实2022版课标，有着难得的借鉴意义和参考价值。

（孙晓天，中央民族大学教授，2001版全日制义务教育数学课程标准研制负责人之一，2022版义务教育数学课程标准修订组核心成员。）

写在前面

坚守儿童立场，开展结构化单元教学

曾经看到一些年轻老师在听完优秀教师的课后，总有这样的疑问："为什么在优秀教师的课堂上，学生总能表现出积极的学习状态，爱学、善学、会学，而回到我们自己的课堂，即使按照同样的教案上课，却上不出同样的效果？这些优秀教师有什么样的绝招？这样的课堂教学有什么秘密吗？"

老师们的疑问引发了我的思考……

教学哪有什么秘密？只不过是尊重了规律而已。"尊重学生的认知规律，尊重数学的发展规律"，这就是优秀教师最大的"绝招"，也是教学里最重要的"秘密"。尊重规律，乃基本的教育常识也。

本丛书就是想帮助基层老师撩开这层面纱，解开这个积聚在心中许久的谜团。让我们随着对书页的阅览，一起走进鲜活的课堂生活，静下心来从教育常识的视角重新审视课堂，打开教学这个"黑匣子"，解开教学的"秘密"，探寻教学的"绝招"，感悟儿童数学教育的真谛。

本丛书从始至终的讨论凸显了两个主要观点，即"儿童立场与数学结构化"。

观点一："坚守儿童立场"——好课堂的灵魂

多年前，我曾提出为儿童创设"好吃又有营养"数学教育主张，这正是"坚守儿童立场"的基本主张。它具有双重教育价值的取向，即“有营养”指的是数学教学要有知识含量、思维含量、素养含量，“好吃”指的是数学教学要适切儿童的学习路径、方法。我们要让有意义的数学变得有意思，让有意思的数学变得更富有意义。

教师要站在儿童的立场，以儿童为中心，遵循儿童生命的自然天性，尊重儿童的心理发展规律，培育身心和谐发展的人。儿童是有情感、有个性、有独立人格的完整生命体，我们要敬畏生命，尊重每一个儿童，有教无类是大爱。儿童数学教育尊重儿童的平等人格和参与学习的权利；儿童数学教育期待儿童的成长，赞赏儿童的进步，包容接纳儿童在走向成熟过程中的缺点和错误，愿意为儿童提供完善自己与改进不足的机会；儿童数学教育不过于强调追求考试评价，而是更加关注每个儿童是否获得了愉悦的学习体验和有意义的成长。教师要以爱的情怀和力量引领儿童走进数学世界，让儿童因有缘与“我”相识，让童年的课堂生活涂满爱的底色，充满愉悦与幸福。要以保护儿童的成长利益为出发点，站在儿童的立场设计一切教学活动。

教师要站在儿童的立场，以儿童为中心，遵循儿童的认知规律开展科学的学习活动，培育爱学、善学、会学，拥有学习力的人。儿童有自己的学习节奏、方法和特点，教师要深入了解儿童的心理发展规律和认知发展规律，使数学教育合乎儿童的发展水平和需求，给予儿童适切的引导和启发，因材施教是智慧。儿童数学教育关注儿童的个性成长，发展儿童丰富的想象力，培育儿童的创造力，尽可能使儿童与生俱来的某些潜能得以发展，使儿童内在的发展变为可能。教师以教育的力量和知识的魅力开启儿童多彩的数学世界，让儿童因有缘走进“我”的课堂，燃起兴趣与希望，让课堂生活充满智慧与创造。

观点二：“整体把握内容结构化”——好课堂的根基

多年前，我曾提出建好小学数学的“承重墙”，打通知识之间的

“隔断墙”的教育主张。清晰地记得20世纪80年代，我在北京市崇文区教研室主任刘梦湘先生和特级教师马芯兰的指导下，进行了小学数学教学整体改革实验。首先对教材进行了内容结构化的整合，研发出“六条龙”教学法，实现了“少课时、轻负担、高质量”。该项实验得到原中央教育科学研究所、中国科学院心理研究所、北京师范大学、北京市教育委员会等专家的鉴定肯定；同时也获得了一线教师、家长和学生的认可；《光明日报》等刊物进行了报导。那些年我连续发表了有关教改的系列文章，从“教材改革”“教法改革”“学法改革”“考法改革”到“全面育人”，在基础教育领域产生了一定影响。至今回忆起来还感动满满，当初的这项小学数学教学改革也为我今天儿童数学教育思想的形成奠定了重要基础。

小学数学虽然知识简单，但系统庞大、内容丰盈，涉及几百个知识点，需要成百上千节课来完成，很多时候我们习惯了一节一节单打一地平均使用力量，忽视了单元整体视角的系统设计和思考。教学中教师只是按照一个一个知识点去教，儿童按照一个一个知识点去学，这些零散、碎片化的知识点在儿童头脑中无结构、无系统、无逻辑，导致儿童在陌生的新情境下解决问题时，不能很快建立关联，不能准确地提取知识和进行应用，不能实现迁移。

我们认为小学数学知识的系统性强，数学知识之间有着天然的结构，旧知识是新知识的基础，新知识是旧知识的发展，一环扣一环，环环相扣，组成一个互相联系的整体，即“结构”。我们就是要抓住数学本质，沟通知识之间的内在联系，凸显数学内容的系统和结构。美国教育心理学家布鲁纳提出，“每门学科都有它的基本结构，掌握结构是教师的第一要务”，“学习结构就是学习事物是怎样相互联系的”。的确，数学是有联系的，数学是有结构的，数学是有系统的。

繁杂的知识中一定会有一些核心的概念统领，抓住了关键要素，零散的、碎片的数学知识就会自然建立起整体化、系统化、逻辑化的知识结构。

任何新知识的学习都是在原有学习基础上产生的，不受原有认知结构影响的学习几乎是不存在的。弄清知识的前后联系，充分借助儿童已有的知识基础来教学，这种“以旧引新”的教学方式，不但帮助儿童理解了新知，更让儿童体会到知识间的密切联系，为后面形成知识结构奠定基础。

小学数学教学是一项复杂而有意义的培育人的重要工程，需要我们每位教师在常态的教学中潜心探索，努力建好小学数学的“承重墙”，打通知识之间的“隔断墙”，学生掌握了知识的基本结构，以提取出的少量主题，实现深度覆盖，让结构彰显知识间丰富的联系。在这样的学习中，学生才能更长久地保存信息，更深入地理解概念，更有效地解决问题；在这样的学习中，学生才能举一反三，触类旁通，实现迁移，获得发展。

为更好地传播儿童数学教育，我和北京小学数学教师团队对小学数学内容进行了系统整理，对每个主题下的课堂教学重新进行梳理、解读、研究，形成本套书。我们努力通过还原课堂真实的情景，通过多视角、多维度、整体化的全面解析，力争呈现出更丰富的内涵，让读者有身临其境的感受，能更好地理解课堂教学背后的思考。

全套书由24本书组成，分批推出，涵盖了小学数学教学四大领域的24个关键内容，旨在帮助一线教师建立对小学数学教学的整体认知，使内容结构化，帮助学生打通知识概念之间的“隔断墙”，建好核心知识和核心素养的“承重墙”。

如《小数》这本书的主题包括“小数概念”“小数运算”等主

要内容。其中“小数的意义”“小数加减法”“小数除法”等原汁原味的课堂纪实既相对独立，又构成相互联系的整体。透视每一节课，可以看到课课紧密相关、层层递进，每一课新知识既是对之前知识的再应用，又是为日后知识所做的重要储备，让学生的学习“瞻前顾后”、稳步整体前进；构成少量主题、多知识点的深度覆盖，呈现跨越年级的系列单元整体教学的势态；促进教师用联系的、整体的观点看问题，实践教学内容的结构化和用结构化的观点进行单元整体教学。

为使读者有真实的现场感，我们还原真实课堂场景，对全套书进行了整体设计，每本书都主要包括五个部分。

1. 儿童与××（主题名称）。每本书即为一个主题，每个主题都会由儿童在学习中发生的真实故事引入，让读者看到教学过程中可能存在的问题和难点，由儿童的视角思考主题教学的着力点，体现了儿童数学教育的基本观点。

2. 走进吴老师的课堂。呈现一组多节与主题有着重要关联的课堂教学实录，特别是实录中的批注式问题、解析，让读者在阅读时不断思考、追问“为什么”“怎么样”，带着思考和研究走进丛书。

3. 与同伴论课。由我们团队成员与一线教师针对课堂教学实录，讨论课中的“秘密”，通过聚焦话题的各抒己见让教学的镜头变慢、拉长、放大，再通过一个个对教学艺术的解密，让读者体会儿童数学教育的实践策略。

4. 吴老师开讲。在这里让我们回到单元主题，听听执教者的所思所想——单元主题教学是如何关注“儿童立场”，“建立数学结构化”的。

5. 专家说。我们邀请了多位数学领域的专家进行总体点评、指导、提炼、升华。相信在专家的高屋建瓴下，读者一定会收获满满。

在具体阅读每本书时，请先阅读导言“儿童与××”，看看这些真实的故事是不是也反映了您的心声。然后可以“走进吴老师的课堂”，看一遍实录进行初步感受；再看第二遍，重点对照批注标注出的教学设计分析进行阅读，并对提示的问题进行思考，尝试给出自己的回答。继而加入“与同伴论课”，与我们交流您对这些课的感受与困惑，获得支持与共鸣。再去听“吴老师开讲”和“专家说”，使自己有更深入的思考和更高位的提升。最后，可以把您的思考化为实践，哪怕尝试一个做法，并欢迎记录下来您的故事，和我们分享、交流……

这套书历经多年的酝酿、设计、撰写、调整、完善，终于在2022版课标发布之际出版发行。我要感谢一直以来给予我和团队指导的顾明远教授、史宁中教授、孙晓天教授、马云鹏教授……，是专家们的关爱指引使得我们前行的方向更明晰；我要感谢一直以来与我一起学习、实践、研究的北京小学数学教师朋友们，你们为我的课堂教学做了这样精心的整理与分析，感谢你们用真诚的情怀和专业的态度走进我和孩子们的课堂；我要感谢教育科学出版社的大力支持，特别是郑莉编辑的坚守，有了你们，我们这套书才能与大家见面……

由于我们的认识水平和能力有限，书中不妥之处还请批评指正。

北京教育科学研究院　吴正宪

2023年5月1日

导言

儿童与平均数[①]

① 本书的平均数均指算术平均数。

小学数学中的“平均数”，你大概并不陌生。也许你自己就执教过“平均数”的研究课，也许你还曾经在现场或网上看过吴正宪老师的“平均数”教学。可是你知道吗，四十多年来，就“平均数”这一内容，吴老师一直在思考研究、不断有突破，广为流传的就有三个不同版本的“平均数”，每个版本都堪称经典。这里我们分别把它们称为“1D版”(关注算法意义的平均数)、“2D版”(关注概念意义的平均数)和“3D版”(关注统计意义的平均数)。当然，这三个关注点各有侧重，却也不能截然分开。如今，吴老师的研究和思考还在继续，或许在不久的将来，又会有“4D版”问世……

你一定好奇，吴老师为什么会对“平均数”情有独钟？究竟是什么让吴老师多年来始终保持着对同一个问题的持续思考与研究热情，设计出一版又一版新课例的呢？吴老师是怎么做到不断自觉反思，不断超越自己，创造出“平均数”的新经典的呢？

别急，让我们先一起走近儿童，走进儿童的“平均数”课堂，看看当儿童和平均数相遇时，会发生什么样的故事。

故事引入

故事1：此“92”与彼“92”，一样吗？
——如何理解平均数的代表性？

课上，老师出示两个小组（人数不相同）每个同学跳绳的个数，并请同学们思考如何比较哪个小组跳得好。

有学生根据以往的经验提议：“比总数。”

这一提议立刻遭到了更多孩子的反对：“人数不一样多，怎么比总数？”

老师回应道：“比总数不行了，那该怎么比呢？”

强烈冲突之下，平均数应运而生，这就是平均数产生的必要性。得到平均数后，又产生了新问题：第一小组的平均数是92个，凑巧的是小红也跳了92个。这两个“92”一样吗？再跳一次，在相同的时间内小红还能跳92个吗？第一小组所有同学的平均成绩还会是92个吗？

像这样，一个又一个问题推动着儿童思考：为什么学习平均数？如何理解平均数的代表性、随机性等特性？走进吴老师的课堂，你会看到恰恰是这些儿童学习平均数时产生的疑问，在推动着学习的进程，促进了儿童对平均数意义的理解。

故事2：“不可能有半个人呀！”
——当“老经验”遇上“新问题”

课上，孩子们在分享生活中的平均数。一名学生说道：“我在报纸上看到，据统计，今年我市平均每户有2.7人。”一石激起千层浪！这样一个数据，引来了全班孩子的热烈讨论：

“你是不是看错了，人数怎么可能有小数呢？”

“对呀，我们又不能把一个人从中间给劈开来！”

“我猜指的是小孩。大人算1个，小孩就算0.7个。爸爸妈妈加上孩子正好是2.7人。”

"那平均数是不是一个虚幻的数呢？"

……

这就是儿童真实的想法！有些概念在我们大人看来特别简单，到了他们那里也许会出现意想不到的"翻车"事件！老师，你有没有想过为什么会这样？你是会自己编造一些数据，"完美"地回避这些问题，还是直面它？如何让儿童能更好地理解平均数这一统计量的"虚幻"（学生用语）性和其他特性？

你不妨带着这些问题，走进吴老师的课堂，看看吴老师是怎么带领孩子们讨论平均数的本质特征的。你还可以细细琢磨品味吴老师预设的问题，看看哪些问题凸显了对平均数本质特征的关注。

故事3："我估到外面去了！"
——怎么估得如此不靠谱？

老师出示《北京五一期间自然博物馆参观人数统计表》，连续五天参观人数分别为1100、1300、1000、900、700。在计算之前，老师先让学生估计：平均每天大约有多少人参观？

他们七嘴八舌："1000人。""1100人。""900人。"……其中，有一学生估计，大约有"1500人"（比最大数1300还要大）。

你觉得这名学生是怎么想的？他的困难在哪里？在你的课堂上，儿童这样的问题有机会暴露吗？如果出现了，你又会怎么去处理？……再来看，为什么要让儿童先估再算？选择什么样的问题让儿童估？

吴老师的"2D版"课堂上，就让估"1500人"的儿童自觉反思

"大家估的都在里面，我却估到外面去了"，进而让大家发现平均数"永远在最大数和最小数之间"的特征。对此，吴老师是怎么做的呢？

让出错的儿童体面地坐下，是大家的理想追求。但是，如何帮助儿童做到这一点呢？儿童反思、发现的基础是什么？回看从"1D版"、"2D版"到"3D版"的课堂上，吴老师都让儿童做了哪些操作？那些直观图、统计图甚至频数分布图，对儿童认识平均数又有哪些作用？透过吴老师温暖的笑容，你又看到了哪些吴老师为学生的数学理解精心搭建的有力支架？

故事4："我又上当了！"
——平均数怎么这么狡猾！

教师创设了一个情境，并提出问题："两间屋子里都有一群人在做游戏。这两间屋子里人们的平均年龄分别是7岁和11岁。你想找小伙伴玩，会敲哪间屋子的门呢？"

"当然选11岁呀！我也是11岁，同龄人更有共同语言啊！"

"7岁的小弟弟小妹妹，我和他们可玩不到一块儿去！"

孩子们七嘴八舌地做了决定之后，教师带大家进入"平均年龄11岁"的屋子，结果，眼前的景象让孩子们大吃一惊：里面坐着一个67岁的老奶奶，正在给几个小婴儿讲故事，婴儿们的年龄分别是1岁、1岁、1岁、2岁、2岁、3岁。

"平均数骗了我！""平均数怎么这么狡猾！"……

认识平均数之后，你的课堂里是只有从原始数据到平均数的单向通道，还是会设计双向通道，提供让儿童用平均数推测原始数据的机会？儿童是否在感受到平均数作为一组数据一般水平的代表价值之余，也能看到平均数容易受极端数据的影响和“欺骗”？在有极端数值的情况下，不适合使用平均数作为数据的代表。儿童是否能对数据有更多理性辩证的感悟呢?

故事5：“我觉得……”“我感觉……”
——为什么一拍脑袋就做决定?

课堂上，教师提出这样一个基于真实情境的问题让孩子们思考：

“有这样一件事情，需要你们帮助有关部门领导做决策：某市原来执行的六岁以下儿童乘车免票的标准是‘1.1米’，现在六岁儿童的平均身高比前些年又有增长，需要修改原标准。你有什么建议？假如请你来修订，你打算怎么做？”

片刻之后，大家纷纷发言：

“我觉得，免票线提高到1.2米就可以了。”

“我们小组定的新标准是身高1.3米以下的都可以免票。我们感觉差不多6岁的孩子能长到1.3米就算够高的了，所以就定1.3米了。”

……

老师，你有没有发现，儿童哪怕已经学习了多年统计，也认识了“平均数”这个统计量，遇到具体问题时仍然是“我觉得……”“我感觉……”地拍脑袋决定。似乎他们积累的有关统计的知识和经验仅仅是在头脑的某个角落封存着，只用于解决书本上已贴上“平均数”标签的应用问题，而遇到来自生活中的真实问题时，却没有要做统计的想法，没有用数据说话的意识。是什么原因造成了这一现状，你又准备怎么做呢？走进“3D版平均数”，你会看到吴老师对这些问题的回应，如何让学生意识到这样拍脑门做决定不靠谱。

故事6：中国的淡水资源真的丰富吗？
——排名前列与缺水严重

教师出示一则信息：

> 中国淡水资源总量为28000亿立方米，居世界前列。但人均水资源只有2200立方米，仅为世界平均水平的$\frac{1}{4}$，是全球人均水资源最贫乏的国家之一，属于缺水严重的国家。

师：大家读完这段信息后，有什么感觉？

生1：读完第一句话，我特别兴奋。我认为中国的水资源真丰富，“节约用水”的事可以不提了。

生2：但是你看这里的后半段，人均水资源仅为世界平均水平的$\frac{1}{4}$，是全球人均水资源最贫乏的国家之一。缺水很严重啊！我终于懂了为什么学校水房、卫生间到处都贴有“节约用水”的字样。

生3：我国人均水资源是2200立方米，是怎样得到的呢？

生4：一个是世界前列，另一个是缺水严重，这和平均数有关系吗？

很多时候，儿童往往仅看其中一个量就轻易地下结论。在说明水资源是否丰富这个问题时，他们往往凭着已有的经验，仅仅比较水资源的总量。解决这个问题究竟看什么？它和平均数有着怎样的关系？对这一问题的讨论，能让学生更全面地思考，更好地把握平均数的意义，同时体会平均数可以帮助我们判断和决策。

……

当你走进吴老师的课堂，在为精彩的设计、酣畅淋漓的对话拍案叫绝时，不妨停下来想一想，和我们一起寻找藏在背后的儿童与平均数的鲜活故事。

关于平均数

当前大数据时代，统计的应用价值尤为凸显，而“平均数”正是承载着重要信息的统计量，是判断与决策的重要依据。对平均数的学习是在学习除法的基础上进行的，是对除法意义的再应用；要让儿童在运用平均数知识解决问题的过程中，理解、感悟平均数的丰富含义。对“平均数”这个内容的学科理解可以概括为三个层次，即学会计算方法，理解概念意义，聚焦统计意义。从“掌握数量关系”到“体会平均数的必要性，理解平均数的意义”再到“感受平均数作为统计量，体会其代表性和随机性”，是对平均数本质理解的不断提升。

教学时，需要在真实的问题情境中，让儿童感受学习平均数的必要性，知道平均数能代表一组数据的整体水平，平均数是介于最大数与最小数之间的数，大部分的数都比较接近平均数，从而体会平均数是一组数据集中趋势的表达，利用直观图进一步理解平均数的统计意义；理解平均数具有代表性，感悟数据意识。通过随机抽样获得小样本的平均数推断总体样本的平均数，感受样本数据（调查数据）的集中趋势能反映总体（数据背景）的集中趋势，从而理解平均数可以帮助人们做出预测和判断，感受其统计意义。培育儿童发现、提出、分析、解决问题的能力，使儿童的数感、推理意识、数据意识等要通过数学课程培养的核心素养水平不断进阶。

有条件的还可以开展实践活动，将平均数融入真实情境，通过解决具有挑战性的问题，让学生经历数据整理、分析、表达的过程，切实感受到平均数在解决问题中的作用，为学生提供更开放的探究思考空间，培育学生的数据意识。

关于本书

本书将基于教学中儿童的实际问题，以吴老师的三版“平均数”课例为线索，从四个板块对平均数的教与学展开讨论。

第一板块——“走进吴老师的课堂”。这里以生动、翔实的课堂纪实，呈现了吴老师前后三次执教“平均数”的场景，让我们跟随吴老师的脚步，重走一遍吴老师四十余年的实践与研究之路，从而使对平均数的认识和思考更加厚重深入、真实可感：既扎根于现实，又更好地面向未来。

“1D版”：算法意义的平均数

吴老师带领儿童从小实验开始，在动手操作、直观想象的基础上引导儿童认识平均数的概念，并感悟“移多补少”与“合并再分”，随后儿童开始自主探索、变式练习、总结“求平均数”的方法。

“2D版”：概念意义的平均数

围绕“拍球比赛”活动，“两队人数不等，哪一队获胜？”这一问题，自然引发儿童对“平均数”这一新统计量的需求。在此，儿童感受平均数产生的价值。再通过儿童对“自然博物馆门票”等一系列问题的讨论，吴老师引导儿童充分理解平均数的概念意义和本质特征。

“3D版”：统计意义的平均数

围绕核心任务“制定儿童免票线”、讨论“2个92一样吗？”、阅读“人均水资源”和“三百星资料”等多个片段，吴老师与儿童开展了关于平均数的深度对话，体会平均数的代表性和敏感性，感受决定平均数的大小有两个因素，一个是总数量，一个是总份数，进一步理解平均数的统计价值。在真实任务驱动中，培育儿童“收集数据、整理数据、分析数据”的自觉，使儿童感受数据的力量，从解决多个问题中体会利用平均数做决策的重要价值，逐步积累数据分析的经验，发展儿童的数据意识。

值得注意的是，我们所说的“1D版”“2D版”“3D版”分别指向平均数的“算法意义”“概念意义”“统计意义”，它们并不是截然分割的，只是各有侧重。你能发现“1D版平均数”其实已经有了“2D版”的萌芽，其中对不少问题的讨论已经指向平均数的概念意义和平均数的特征；同样，2D版也是从真实的生活问题出发，让儿童经历了完整的统计分析过程，已经关注了对平均数统计意义的理解。此外，从“1D版”到“2D版”再到“3D版”，后者也并不能完全替代前者，更是一种补充和完善，它们共同完成对“平均数”的全方面、多维度的立体认识。

我们建议你仔细研读吴老师的目标制订和环节设计，同时在面对课堂生成的各种问题时，假想如果自己是上课老师，会如何处理这些问题；你还可以结合右侧文本框中的设计意图、思考问题，用心揣摩吴老师的意图。这种“代入”学习的方式，能让你始终和吴老师的思维共振，更会多角度、多层次理解吴老师这些做法背后的理念、逻辑和思考，感悟“好吃又有营养的数学”产生的历史渊源，体验一位教师不断反思、研究、实践的成长历程。

第二板块——“与同伴论课”。面对熟悉的教学内容，“走进”吴老师的课堂现场，“回看”自己的教学实践，老师们会产生各种问题、困惑和思考。“与同伴论课”这个板块，期待为老师们提供一个集思广益、交流研讨的空间。参与讨论的教师均来自教学一线，他们对“平均数”教学有着丰富、深刻的体验，所以讨论起吴老师的课来，具有现实性、真实性。老师们带着自己的思考与问题，徜徉在吴老师三个版本“平均数”的课堂实践中。这既是对自己的观点、困惑与问题不断求证、求解的过程，也是继续品味“好吃又有营养”的儿童数学教育思想的过程。一个个真实的问题，彰显着吴老师课堂所引发的广泛、深入思考；一个个鲜活的教学片段，诠释了吴老师“好吃又有营养”的儿童数学教育观；一个个发生在课堂内外的小故事，记录着一位不断实现专业成长的教师的教育智慧。

第三板块——“吴老师开讲”。“吴老师开讲”这个板块可以看作吴老师核心观点的集中发布，起着画龙点睛的作用。这里将比较系统地阐述三个版本“平均数”教学的发展过程以及背后的思考。通过本板块的阅读，你会更深入地认识平均数的多重意义，也更全面地理解吴老师的教育主张。

吴老师还将对“与同伴论课”中老师们提出的困惑问题进行回应或展开讨论，你一定会对她主张的数学课堂教学要“主题鲜明、整体建构、结构合理、方法得当”的教学建议更加明晰。

第四板块——“专家说”。在这里汇聚了周玉仁、鲍建生、马云鹏等专家教授对吴老师儿童数学教育理论和儿童数学课堂实践的观点阐述。这既丰富了我们读懂吴老师课堂的维度，也让我们的思考有了与专家观点碰撞的机会和可能。

周玉仁教授从统计意义、问题意识、人文精神、学习方式四个方面对吴老师的“2D版平均数”做了解读，并由此向我们描述了“一节真正的数学课”的模样：有观察、操作、估计，有对数据的分析、整理，还有反思，在活动中使儿童逐步体会数学知识的产生、形成过程，受到数学思想方法的熏陶，并从中又使儿童获得了数学学习的积极情感，感受到数学的力量。

鲍建生教授提出，作为设计科学的数学教育，除了基础理论外，更重要的是创意的设计和可以成为经典的作品。他结合吴老师的“3D版平均数”，分别比较了作为数学概念的“平均数”与作为统计概念的“平均数”、数学中的“问题解决”与统计中的“问题解决”，具体分析了该课的经典之处，值得我们深思和回味。

马云鹏教授从三个版本的平均数说起，让我们清楚地了解吴老师对于平均数内容本质理解的不断深入和提升，即：学会计算方法，理解算术概念，聚焦统计意义，着重说明“3D版平均数”从“数量关系”到“体会平均数的必要性，理解平均数的意义”再到“感受平均数作为统计量，体会其代表性和随机性”，是对平均数本质理解的不断提升，是对主题式教学的大胆探索，是儿童数学教育的充分体现。他结合课的设计与实施进行分析，揭示了平均数在解决问题和做决策中的价值，正因数据意识蕴含其中。

三位教授的评课，既是对吴老师40年来“三上平均数”的评价，也是对一线教师如何落实《义务教育数学课程标准（2022年版）》的方向引领。

一

走进吴老师的课堂

对平均数意义的学习包括三个维度：算法意义的理解、概念意义的理解和统计意义的理解。让儿童初步理解平均数的意义，感受平均数作为重要的统计量与现实问题有密切联系，初步形成数据意识。我们应该寻找什么样的现实情境，让学生感受到平均数的统计意义？难道儿童在心目中留下“总数量÷总份数=平均数”，教学目标就达成了吗？又该怎样对接儿童的经验，让他们自然而然地感悟和理解呢？

让我们带着这样的思考，走进吴老师的教学，从中体会吴老师如何引领学生自然地从算法意义的外衣到概念意义，最终感悟平均数的“统计意义”。

走进吴老师的课堂

利用直观操作活动，掌握平均数的算法意义

——“1D版平均数”课堂教学片段

20 世纪 80 年代有关应用题的教学往往强调通过画批关键词理解题意，找出“总数量”“总份数”“平均数”（每份数）之间的基本数量关系；注意揭示“总数量 ÷ 总份数 = 平均数”的解题规律，以及平均数肯定比几个不同的数中最大的数小、比最小的数大的特点；注意单项练习和变式练习，提高解题正确率。

同样是强调算法，吴老师在教学“平均数”时，她首先用创造性的操作活动让儿童感悟“移多补少”的方法；再通过儿童的实践、观察、思考来揭示求平均数问题的解题思路和规律；最后精心设计了有层次的练习，通过改变题目条件和问题的训练，促进学生认识的深化。

立足 21 世纪的教育理念、课堂模式，回首望去，你有哪些感触与收获呢?

教学目标

1. 初步理解平均数的意义，认识平均数应用题的结构特征，明确数量关系，探索解答规律。

2. 在解决实际问题中，理解平均数的含义。

3. 初步学会“透过现象看本质”的辩证唯物主义思考问题的方法。

教学重点

掌握求平均数问题的解题方法。

教学难点

理解平均数的意义。

一、通过实践活动，建立平均数概念

在学习平均数之前，吴老师设计了两个有趣的实践活动。这两个活动符合儿童的认知特点，渗透了“移多补少”的方法，对接了儿童经验，又孕伏了新知识学习的前概念。

师：我们先来做两个小实验，请认真看。讲台前有两个大小相同的杯子，杯子的水位不同，也就是里面盛的水不一样多，怎样使这两杯水同样多？

生1：（边操作边表达）将水位高的水杯里的水倒入水位低的水杯，使两杯水同样多。

师：真有办法，你们还有什么其他发现？

生2：我觉得以水位低的那杯为标准，看看高水位和低水位相差多少，不能把高出的部分全部倒入水位低的杯子，那样又不一样高了。

师：我们接着看，有两根长短不同的绳子，怎样分成相等的两段？

生3：可以把两根绳子的一端对齐，看它们相差多少，把相差的部分平均分成两份，取其中的一份给短绳子，这样就一样长了。

生4：我把两根绳子首尾连接成一条长绳子，再对折，从中间剪开。

师：重新分后的两条绳子的长短和开始的两条绳子的长短有什么关系？

生5：开始的两条绳子长短不同，重新分后的两条绳子长短相同。不论怎样分，两条绳子的总长度不变。

生6：要平分两根长短不同的绳子，可以先求出它们的总长，再平均分。

师：你们不仅会动手操作，还能表达是如何操作的。真棒！

儿童对新知识的学习往往不是一张白纸，如何在儿童原有认知基础之上恰当发力，让儿童更加有目的、有兴趣地开始学习新知识，是我们所追求的。

在20世纪80年代的课堂上，当大多数老师仍然停留在“出示例题—分析条件、问题—引导列式计算—得出规律—反复练习”的教学模式时，吴老师用两个小实验导入新课，在当时可谓是非常大胆的创新了。

吴老师在这里为什么要设计这两个小实验？这两个小实验分别有哪些侧重点呢？

前文中吴老师通过两个小实验，引导儿童观察，有的通过移多补少的方法，把多的移给少的；有的通过先求和再平均分的方法。不论怎样做，最终得到的每瓶水的容量、每根绳的长度都是相同的。

看似一个小小的教学环节却也蕴含着丰富的数学思想，在由小及大的问题情境下激发儿童探究欲望的同时，也给儿童提供了思想方法上的支撑。

二、以疑激思，引导学生探讨求“平均数”的方法

这一环节先基于小实验总结找到平均数的经验，再让学生求两组数的平均数，他们发现有时平均数不能立刻通过移多补少得到，产生了困惑问题；利用两个生活情境——求平均身高问题和求平均每天走的路程问题类比迁移后解决了困惑，从而抽象概括出求平均数问题的特点和解题方法，用总数量除以总份数得到平均数，也就是从多个例证中获得平均数的算法意义。

1. 提出疑问，发现问题

师：对两个小实验的数据进行分析和思考，找到的平均数与原来几个数相比，有什么不同？你是怎么找到平均数的？

生1：我们可以移多补少，把多的给少的一些，让它们一样多。

生2：还可以先求这几个数的和，再平均分，得到的数就是平均数。

师：刚才我们通过两种方法——

一种是移多补少，另一种是平均分，把杯中不一样多的水变成了一样多，把两根不一样长的绳子变成了一样长。

（板书：移多补少；先合再等分。）

师：下面我们来快速抢答，请你说出下面每组数的平均数。“5、7、6”的平均数是——

生：（七嘴八舌地）6!

生1：从7里拿出1给5，三个数就都变成6了。

师：“移多补少”这个方法，大家掌握得很溜！下一个：“28924、800、1248” 的平均数是——

生：（先是沉默，后小声嘀咕）数太大了，不知道要移多少。

师：这回难住大家了。显然数目太大，用移多补少的方法太费劲了。那么，有没有一种普遍适用的方法来求出几个数的平均数呢？下面我们就一起来研究。

求三个大数的平均数时，用移多补少的方法解决不了，便产生了认知需求，需要学习新的计算方法。平均数的算法意义呼之欲出，符合儿童的认知实际。

2. 探讨实践，解决问题

师：请大家认真读题并思考。

> 例1 三年级（1）班挑出六名同学参加篮球友谊赛，他们的身高分别是：

136 厘米、141 厘米、139 厘米、137 厘米、135 厘米、140 厘米。这队同学的平均身高是多少厘米？

师：求这队同学的平均身高实际上就是求这几个数的什么？

生1：求这队同学的平均身高就是求这六个数的平均数。

师：要想求这队同学的平均身高，需要知道哪些条件？

生2：要想求这队同学的平均身高，需要知道六个人的身高之和是多少厘米，还有总人数是多少。

师：你能从前面的小实验中受到什么启发？

（学生看着教师的手势：两条长短不等的绳子结合到一起，再平均分成两份；两杯水倒在一起，再平均分在两个杯子里。即：先合后分。）

师：你们试着做一做。

生3：要求六个人的平均身高，列式为：

（136+141+139+137+135+140）÷6

=828÷6

=138（厘米）

答：这队同学的平均身高是138

平均数的计算方法，吴老师为什么不直接告诉学生：用总数量除以总份数，结果就是平均数？对这个计算方法的概括经历了怎样的过程？运用了哪些素材？为什么这样做？

厘米。

师：你们都是这样做的，说说为什么这样列式?

生4：要想求平均身高是多少厘米，先要求出这组同学身高的总和，还要知道这个总和对应着多少名同学。已求出六名同学身高总和是828厘米，用“828÷6”就可以求出六名同学的平均身高。求六名同学的平均身高，实际上就是求这六个数的平均数。

师：如果（1）班和（2）班要打篮球友谊赛，那么，我们就可以通过计算出平均身高，知道哪个班在身高上占有优势了。接下来我们看例2，解放军行军的问题，请大家自己先默读，然后解答。

（出示例2。）

例2 解放军某部长途行军，第一天走36千米，第二天走42千米，第三天上午走20千米，下午走22千米，平均每天走多少千米?

生5：平均每天走30千米，列式：

（36+42+20+22）÷4

=120÷4

=30（千米）

用两个现实情境，解决了求平均身高和平均每天走多少千米的问题，让儿童回归源头解决困惑，经历了多个例证的概括，得出了平均数的计算方法：总数量 ÷ 总份数。

生6：我觉得应该把行走的总路程除以3，我的算式是：

（36+42+20+22）÷3

=120÷3

=40（千米），平均每天走40千米。

师：为什么这样列式？

生7：把三天行走路程的总和平均分成3份，就是平均每天走的千米数，是四个数之和但不是平均分成4份。

师：为什么身高问题用六个数的总和除以6，而行军问题却用四个数的总和除以3呢？

生8：身高问题是一组六个人的身高总和，求平均身高就需要平均分成6份；行军问题是三天行走的总路程，求平均每天走的路程，就需要把总路程平均分成3份。

师：你们不仅会算平均数，还知道其中的道理。你认为求平均数应用题有什么特点？怎样解答？

生9：求平均数应用题题目中告诉了几个不相等的数量和份数。

生10：要求平均数，首先要求出总数量，用总数量除以总份数就能得到平均数，这和除法中总数量除以总份数得

这样的小结语，增强了新知识的清晰度，有利于巩固新知。

你可以找一找文中吴老师每一段的小结语，用“~~~~”画下来并体味和思考。

到每份数是一样的。

师：刚才我们一起做了两道题，你们从两道题中总结出求平均数应用题的特点，也明白了求平均数的方法和除法意义有联系。下面我们接着解决生活中的实际问题。

三、反馈练习，加深对求平均数应用题的理解

接下来要利用“总数量÷总份数=平均数”的计算方法，解决实际问题。吴老师出示多组练习，有对比的题组，有选择题，有计算题，从多个角度强化总数量除以与之相对应的总份数这一细节，利用除法意义加深儿童对平均数算法意义的理解。

师：下面有两道达标检测题，请你做在练习本上。

（1）敬老院有六位老人，他们的年龄分别是：75岁、82岁、94岁、85岁、77岁、91岁。他们的平均年龄是多少岁？

求平均数应用题的变式，逐步变化例题条件，逐步使要求的问题变复杂，但都是用除法的意义作为基础，始终强化“总数量÷总份数=平均数”的算法这一教学主线，加深学生对需要的两个数量对应关系的理解。

求两种糖合起来以后的平均价钱，用"平均数=总数量÷总份数"这一公式怎么就突然失灵了呢？有没有想过，造成这个自然合理的错误的原因是什么？

（2）学校开联欢会，老师买2千克水果糖，每千克24元。买3千克大白兔奶糖，每千克30元钱，请问把这些糖合起来，平均每千克糖多少元？

师：做完了吗？说说你们的答案，有困难也不要紧，可以说出来。

生1：第（1）题是（75+82+94+85+77+91）÷6=84（岁）；

第（2）题是（24+30）÷2=27（元）。

师：大家同意他的答案吗？

生2：我不同意第二题的答案，应该是（24×2+30×3）÷5=27.6（元）。

生1：平均数，不就是用总数量除以总份数吗？不就是用两种糖的价钱之和除以2吗？

生2：平均数是总数量除以总份数，总份数是5千克，就要先求出5千克糖的总价钱后再除以5，求出的才是1千克糖的平均价钱。

四、回顾总结，布置作业

从两个小实验到在具体情境中解

决问题，儿童了解了求平均数应用题的特点，总结了平均数计算的方法，又结合生活实际解决了一些问题，课尾让学生回顾全课谈体会和收获。

师：马上要下课了，我们有问题也有收获。今天学习的应用题有什么特点和规律？

生1：这些应用题都要先求出总数量，再用总数量除以总份数，而且一定是相对应的总份数。

师：我们把具有这种特点和规律的题目叫作求平均数应用题。

（板书课题：求平均数应用题。）

生2：数小的时候，我们还可以用移多补少来求平均数。数大的时候，就不好移了，需要用计算的方法。

生3：开始上课的两个小实验比较有意思，和后边我们解决的平均数问题是一样的。

师：最后留给同学们一个课后思考题——今天学习的求平均数问题与以前学习的等分除法应用题有什么相同点和不同点？

课结束前和儿童的交流，让我们清楚地读懂儿童的学习过程，并使他们的学习经验得到进一步的提升和推广：将两个直观小实验和后续平均数问题的解决联系起来，发现二者的一致性；提炼总结平均数问题的数量关系，概括出一般的算法，并能结合具体情境选择最优算法。吴老师还通过提问引导儿童思考，让他们在新旧知识的对比联系中建立有条理有层次的认知结构。

走进吴老师的课堂

结合儿童生活实际，理解平均数的概念意义

——“2D版平均数”课堂教学片段

平均数意义的理解包括三个维度：算法意义的理解、概念意义的理解和统计意义的理解。“2D 版平均数”让儿童通过直观素材和生活情境，在解决问题的过程中，体会、理解平均数的概念意义，从“匀乎匀乎”到“移多补少”，从平均数的代表性到“敏感性”，从概念意义到统计意义，感受平均数反映了一组数据的总体水平的特点。

让我们走进 2003 年吴老师的课堂，从中体会吴老师是怎样让孩子获得对平均数概念的理解，进而做到从数学教学走向数学教育的吧！

教学目标

1. 通过游戏逐步体会平均数产生的必要性，掌握平均数的算法意义，理解平均数的概念意义。

2. 在解决问题中，注重对数据的分析、整理，并根据平均数的意义解释生活中的现象。

3. 在情境中受到数学思想方法的熏陶，获得数学学习的积极情感，感受到数学的力量。

教学重点

在情境中理解平均数的概念意义。

教学难点

运用平均数的概念意义解释生活中的现象。

一、创设情境，提出问题

创设情境，从儿童喜欢的球类运动入手，开展调查研究，提出问题，产生认知冲突——让所有人都拍球不太可能，进而想出办法，也就是经历收集数据的过程。

师：同学们，我们来一次拍球比

课伊始，疑已生。吴老师从儿童熟悉的拍球比赛入手，激起了儿童对解决问题的渴望，让儿童自己想出比赛的办法，把自主权留给了儿童，创设了良好的学习氛围，同时也将数据来源于客观实际的调查中这一思想渗透给儿童。

赛，有兴趣吗？

生：（激动地）有！

师：我们分成两队——男队和女队。现在要进行一次拍球比赛，你想怎么比呢？

生1：可以每人按规定时间完成拍球，分别计数后再把总数求出来，总数多的队伍为胜方。

生2：不行，这样太浪费时间了。

师：是啊，如果每个人依次去拍球，时间肯定不够，咱们想个办法，应该怎样高效地组织比赛呢？

二、解决问题，理解平均数的意义

在比较的过程中，当人数相等时，可以比总数；当人数不相等时，要比较平均数。这样可以让儿童感知平均数的产生来源于生活需要。平均数就是“匀乎匀乎”，把多的给少的；也可以用总数量除以总份数来计算，并结合情境体会平均数不是一个实实在在的数，而是一个比较好地反映一组数据总体水平的“虚拟”的数。

1. 感受平均数产生的必要

（两队分别推选出一名最有实力的队员，代表各自队参赛。）

师：请两名同学记录数据，其他同学观察并核对数据。10秒钟的拍球比赛马上开始。准备，开始！

生1：男队的代表10秒钟拍球19个。

生2：女队的代表10秒钟拍球20个。

师：我宣布女队胜利！

男生：（大声喊）不行！不行！一个人代表不了大家的水平！我们要再多派几个人！

师：那我们两队还需要各派几个人？

生3：每队再各派三人上台接着拍球吧。

师：你们准备好了，就计时开始。

生4：比赛结果是男队拍球数量为：19、17、21、23。女队拍球数量为：20、18、15、23。

生5：通过计算，男队拍球总数为80个，女队拍球总数为76个。

师：我宣布男队胜利！

（男生们高兴地跳了起来，女生们则沮丧地低下了头。）

师：我加入你们女队（现场拍球29个），快算算拍球的总数是多少？

生6：我算出女队的总数是105个。

师：这一次我宣布，女队胜利！（女生们的脸上露出了微笑。）

男生：（马上反驳）不公平！不公平！我们是四个人，女队是五个人，

在一次又一次的矛盾冲突中，在现实生活的需要中，儿童请出了“平均数”。儿童从实际问题的困惑中产生了求平均数的迫切需求。

在吴老师创设的情境中，儿童质朴而稚嫩的语言——“匀乎匀乎”，道出了他们对平均数意义的理解。虽然这只是初步的认识，但却是非常有价值的。

有老师模仿吴老师的课堂进行拍球，谁想老师拍球的个数是28个，求平均数时，结果是小数，这下子，学生又不明白了。面对这个问题，教师该怎么处理好呢？

这样比赛不公平！

师：哎呀，看来人数不相等，就无法用比较总数的办法来比较哪队的拍球水平高，这可怎么办呢？

生7：把这几个数匀乎匀乎，看看得多少，就能比较出来了。

生8：可以求平均数进行比较。

师：看来人数不相等时，比总数就不行了，需要用一个新的数，就是你们说的匀乎匀乎的平均数。

2. 探索求平均数的方法

师：我们怎样求出平均数呢？你能想办法试一试吗？

生1：男队有两个数比20小，有两个数比20大。我把大数多的部分匀乎给了小数，使这几个数平均，结果是20；女队也是用这个方法，结果是21。

生2：我用计算的方法，（19+17+21+23）÷4=20（个），求出男队拍球的平均数是20个；用（20+18+15+23+29）÷5=21（个），求出女队拍球的平均数是21个。通过求平均数，比较得出女队赢了。

3. 理解平均数的概念意义

师：女队拍球的平均数是21个，21代表什么？你怎么理解21这个数？

生1：怎么没有一个人拍球的数量是21呀？

师：是呀，21是谁拍的数量呢？

（教师俨然一个大朋友般与孩子们一起陷入了思考。此时的课堂很安静，教师在耐心地等待着。）

生2：21是这几个数的平均数。

师：什么是平均数呀？

生3：就是把大数多的部分往小数上匀乎匀乎。

生4：吴老师把她多拍的8个，补给1号1个，补给2号3个，再补给3号4个。这里也有我的一份功劳，我也送给3号2个！这样多的变少了，少的变多了。

师：你们说的匀乎匀乎、多的变少、少的变多，就是“移多补少”。移多补少后，五个人拍球的个数变得怎么样了？

生5：五个人拍的个数就变得一样多了！

师：说得真好！你们能用自己的话说说平均数到底是个怎样的数吗？

生6：我认为平均数不大不小，是靠近中间的数，它比最大的数要小，比最小的数要大。

生7：平均数是几个人移多补少后变得一样的数。

生8：（若有所思地）我觉得平均数不是一个实实在在的数，它是虚的，可是又很公平。

师：他用了一个词“虚”，谁能解释解释，“虚”是什么意思？

你怎么理解“平均数不是一个实实在在的数，它是虚的，可是又很公平”这句话？吴老师是怎样引导学生感受平均数的意义的？

通过学生自己举例并结合素材，让学生进一步感受平均数的算法意义和概念意义，尤其是与社会生活的密切联系。

怎么又很“公平”了呢？

生7：虚的意思，就是这个平均数不是第一个人拍的，也不是第二个、第三个或者最后一个人拍的。实际上我们没有一个人拍出这个平均数来，所以它是虚的。

生8：但是它却是最公平的。因为这个平均数里包含了我们每个人的拍球个数，综合了我们所有人的水平。

师：你们真是太棒了！平均数正如你们所说，不是一个实实在在的数，它比较好地反映了一组数据的总体水平。

4. 沟通平均数与生活的联系

师：在平时的生活中，你们见过平均数吗？

生1：在体育达标中要用到平均数。

生2：在考试算平均分时要用到平均数。

生3：每个月有平均气温。

生4：妈妈上班会有平均工作时间。

师：请你阅读下面这三条信息，看完后谈谈你的感受。

（1）龙潭庙会日平均游人量达 10 万人次。

（2）北京新闻：2002 年北京职工年平均工资约为 2 万元。

（3）据统计，今年我市平均每户有 2.7 人。

生5：材料（1）说明庙会首日到大年初四可能比10万人多，其他时间可能比10万人少一些，都在10万人左右；把多的人数和少的人数匀乎匀乎，就是10万人。过年期间每天去龙潭庙会的人真多呀！去之前我得先打听一下，什么时段人少，人少时我再去。

师：这就是数据的力量，通过对数据进行调查研究，选择人少的时候去可以更充分地欣赏。

生6：材料（2）说明把2002年所有北京职工的年工资之和除以北京职工的总人数，平均数大约是2万元。由此我想到，低收入人群可能年收入5000元，高收入人群可能年收入3万元。

师：有这种可能。有没有可能不论是农民、工人，还是教师、律师等，每人都是2万元？

生7：不可能，肯定有的人超过2

请你想一想，生活中还有哪些素材能促进儿童学习和理解“平均数”呢？

面对儿童对“每户平均 2.7 人”的疑问和误解，吴老师并未及时释疑或纠正。这种“让‘子弹’多飞一会儿”的做法，有什么好处呢？

万，有的人是2万，有的人不够2万，移多补少后才是平均工资。

生8：材料（3）中的数据，您是不是看错了，人数怎么可能有小数呢？

生：（其他学生都附和着）对呀，我们又不能把一个人从中间劈开来！

生9：我猜这个小数指的是小孩。大人算1个，小孩就算0.7个。爸爸妈妈加上孩子正好是2.7人。

师：你们都有这样的疑问，别着急，随着后面的交流，你们慢慢就理解了。

三、联系实际，拓展应用

通过分析售出门票、小刚家平均用水量、平均水深这三个生活情境，吴老师在解决问题过程中，加深了儿童对平均数算法意义和平均数概念意义的理解，让儿童进一步体会平均数介于最大数和最小数之间、比较好地反映了一组数据的总体水平的特性。

情境一：北京“五一”期间（5月1日至5日）自然博物馆售出门票统计情况

师：学习了平均数之后，咱们一起来解决相关问题，先看第一个情境。

“五一”期间自然博物馆门票统计

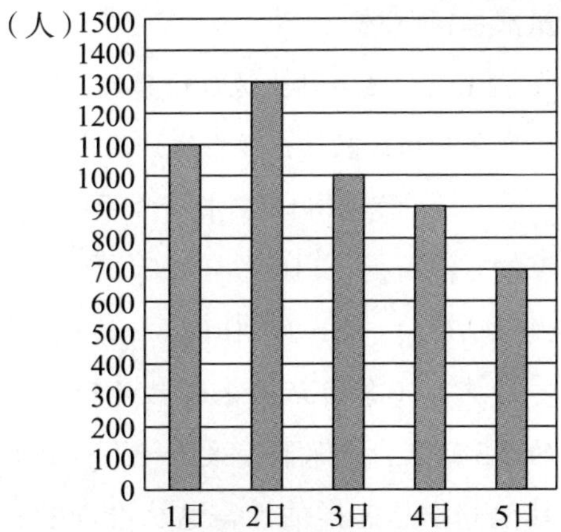

师：从这幅图中，你知道了什么信息？你能提什么问题？

生1：从1日到5日售出的票数分别是1100张、1300张、1000张、900张、700张。请你估计一下，这5天中平均每天售出门票大约多少张？

生2：我估计平均每天售出门票1000张。

生3：我估计是1500张。

生4：我估计是1000张左右。

师：估计得准不准呢？请用自己

面对不同学生个性化的回答与思考，教师该如何捕捉资源并有效提问呢？

这么一条平均线的价值是什么?

估一估的活动，用数形结合的形式展示估的结果，匀乎匀乎的感觉对接了平均数“移多补少”的概念意义，而计算则是平均数的算法意义。在感知—认同—反思的过程中，让儿童更直观地认识到平均数介于一组数据的最大数与最小数之间。

喜欢的方法验证一下。

生5：我觉得平均每天售出门票1000张合适，把1300张中的300张移到700张上去，把1100张中的100张移到900张上去，这样每天售出的门票数量都是1000张。

（教师随着学生边说边移动，醒目的红色平均线跃然出现在统计图中。）

生6：我觉得1500张不合理，用计算的方法可得（1100＋1300＋1000＋900＋700）÷5＝1000（张）。

师：（拿着话筒来到估计1500张的生3面前）请你下去采访一下，看看其他同学是怎样估计得这么准确的，好吗?

生3：你们怎么估计得这么准确呢?

生5：五一期间售出门票最多的是1300张，最低的是700张，所以平均数肯定在700～1300之间。我又看到图中的数据大多和1000比较接近，所以我就估计是1000张。

师：（转过身来，抚摸着生3的头）听了刚才小朋友的发言，你有什么感受?

生3：人家估计的都在里边，我估计到外边去了。这回我知道了，平均数比最小的数大，比最大的数小，平均数在最大数和最小数之间。

师：我非常羡慕一开始一次就能估计得比较准确的同学，你们用自己喜欢的方法，做出了准确判断，但我更敬佩身边的这位小男孩（生3），虽然第一次他估计到“外边”去了（有意识地用了儿童的语言），但是他能在和同学们的交流中接纳别人的意见，调整自己的思路，能够进行自我反思。这是一种很好的学习习惯，是一种可贵的学习方法，我们都应该向你学习。

师：如果你是自然博物馆的馆长，看到这个信息，你会有什么想法？

（学生们从统计图中看到参观人数逐渐下降，纷纷发表了自己的见解。）

生1：如果我是馆长，一定要提高服务质量，热情招待每一位顾客。

生2：做好宣传，邀请边远山区同学们有机会来参观。

……

一个“外边”表现出了儿童对平均数的认识和理解，体现了儿童对自己学习的反思。吴老师心中的激动再次溢于言表，说了这段感人肺腑的话。不让一个儿童尴尬地坐下，让每一个儿童都抬起头来学习，这是吴老师的教学魅力。

“如果你是自然博物馆的馆长，看到这个信息，你会有什么想法？”这个问题，对儿童进行着润物细无声的人文教育，社会的责任感正在孩子们身上油然而生。在问题讨论中，孩子们的境界得到提升，思维得到发展。

吴老师设计了三个结合生活实际的情境，让儿童体会平均数的意义，每个素材让儿童感知的是什么？这三个素材之间是怎么层层递进的？

情境二：2002年小刚家各季度用水量统计情况

师：请你认真看下图和题目中的信息，求出小刚家平均每月用水多少吨。题目中有三个算式，请你选择哪个是对的。

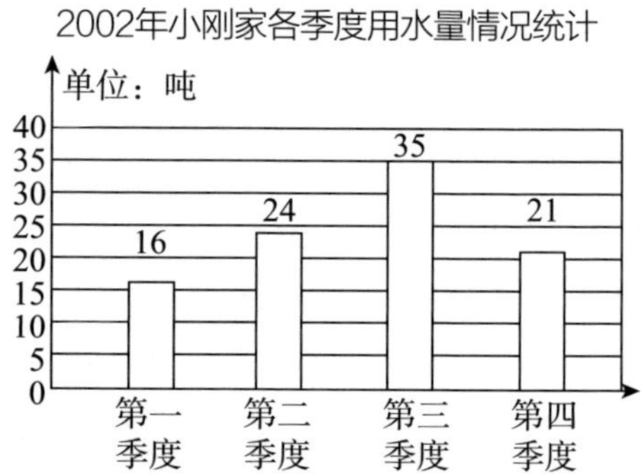

平均每月用水多少吨？

（1）（16 + 24 + 35 + 21）÷ 4　（　　）

（2）（16 + 24 + 35 + 21）÷ 12　（　　）

（3）（16 + 24 + 35 + 21）÷ 365　（　　）

生1：算式（1）不对，它是把四个季度12个月的用水量之和平均分成4份，平均每个月用水24吨，太多了，应该平均分成12份才对。

生2：算式（2）是对的，全年的

用水量÷12=小刚家每个月的用水量，结果是8吨。

生3：算式（3）也不对，它是把四个季度12个月的用水量平均分成365份，求出的是平均每天的用水量。

生4：我觉得只有算式（2）正确，它用全年的用水量除以对应的12个月，求出的是平均每月的用水量。

师：如果算式（1）是正确的，问题可以改成什么？

生5：问题可以改为平均每个季度的用水量。这样就用全年的用水量除以相对应的总份数四个季度就没问题了。

师：按三人来算，小刚家平均每人每天用水大约88千克，严重缺水地区平均每人每天用水大约3千克，比较这两个数据，你有什么感受？

生6：要珍惜水源，节约用水，不能浪费。

生7：把我们多的水运到严重缺水的地区去。

师：你的想法真好！我们国家正在做这项“南水北调”的工程。节约用水要从我做起，从一点一滴做起。

情境三：小明会遇到危险吗？

师：假设小明必须徒步通过小河，小明身高及河水水深如下图所示，那么小明会遇到危险吗？

小明会遇到危险吗？

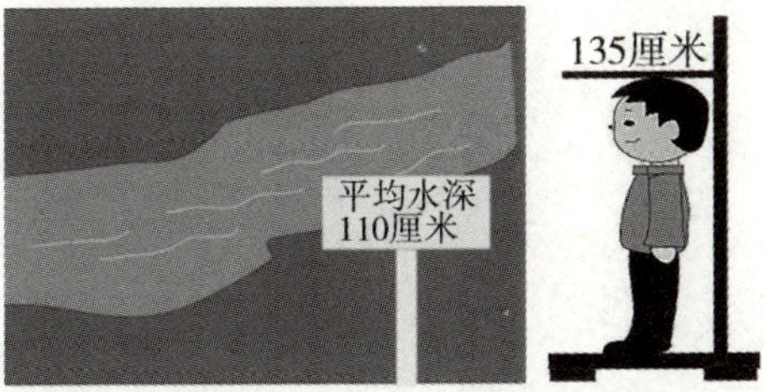

生1：没有危险。

吴老师精心设计的这个生活情境，为儿童的思维碰撞搭了台。在争论中，儿童深切地体会到在现实生活中，对数学知识的应用要灵活。看上去纯是生活中的问题，却让学生在争论中能辩证地认识到，平均数一方面能代表总体情况，另一方面又不能准确地还原全貌，从而更好地理解平均数的意义。

生2：有危险。

师：你们同意谁的想法？甲方认为没危险，乙方认为有危险，请两大阵营各派出代表，说明理由。

甲方：我们认为小明不会有危险，因为小明身高135厘米，而平均水深只有110厘米，小明站在河里水不会没过他的头。

乙方：请问什么叫平均水深110厘米？

甲方：平均水深110厘米嘛，就是深水和浅水匀乎匀乎后中间的那个数。

乙方：那么，如果小明站在了深水的地方呢？

（甲方同学支支吾吾说不出话来了，很不好意思地站到了乙方阵营里。）

四、总结回顾，布置作业

通过让儿童对平均数算法意义和概念进行理解，结合生活实际解决一些问题，谈体会和收获，吴老师读懂了儿童理解的程度。

师：通过这节课的学习，你有什

么收获？还有什么遗憾？你认为应该给自己布置什么样的作业？

生1：我知道了什么叫平均数，平均数的过程就是匀乎匀乎，移多补少。

生2：我会求平均数了，用总数量除以总份数，就能计算出结果，也就是利用除法意义能求平均数。

生3：这节课我上得非常高兴，真有意思！不能看平均水深比自己身高少，就忘乎所以，安全第一位，不能放过任何可能的危险。

生4：今天的学习很有趣，还有一个课上的疑问没解决，每个家庭的平均人数怎么是小数呢？现在我明白了，根本不是大人算1个，小孩算0.7个，而是用全市调查的家庭总人数÷家庭数=2.7（人），就是全市平均每户有2.7人。

生5：平均每户的人数不一定是整数。在生活中，也有很多事情用到平均数，所以，我给自己布置的作业是找找生活中的平均数，想想它们的意思。

……

（铃声响，思未尽，师留恋，生不走。下课后的场面更令人感动，吴老师被孩子们团团围住，久久地不愿散开……）

全课总结时，吴老师不仅让儿童谈收获，还谈遗憾，甚至让他们自己布置作业，从而使知识、经验、方法、情感在总结中得以沉淀，同时促使儿童成为乐学善思、自主高效的学习者。

走进吴老师的课堂

聚焦真实世界的真实问题，感悟平均数的统计意义

——“3D版平均数”课堂教学片段

随着对统计教学的不断探索和实践，人们逐渐认识到对于统计学习而言，重要的不是画统计图、求平均数等技能的学习，而是要发展儿童的数据意识。分析平均数的教学现状，我们发现儿童对平均数的算法意义很容易理解，但对其统计意义的理解比较困难。儿童虽然学习了平均数，会进行计算，但是当遇到真正的数据需要分析时，却很少想到用平均数。

义务教育阶段统计的教学关键是发展学生的数据意识，使他们想到用数据、愿意用数据，并且能从数据中提取一些信息。那么，该如何设计课程和实施教学，才能更好地发展儿童的数据意识呢？让我们走进吴老师的“3D版平均数”课堂一探究竟。

教学目标

1. 在问题解决中初步感受平均数是代表一组数据整体平均水平的统计量，体会 “代表性”和“随机性”，了解实际应用。

2. 运用平均数解释现实现象，积累分析处理数据的经验，并能用平均数介绍生活中的现象，发展数据意识。

3. 发展主动发现问题、提出问题和解决问题的意识与能力，能够进行交流与质疑。

教学重点

理解平均数的统计意义。

教学难点

感悟平均数的统计意义。

一、创设情境，在对比中感悟“平均数”的传统意义

上课伊始，吴老师呈现两个组每个人的跳绳成绩统计表，提出问题：“怎样比较两个组整体的跳绳水平？”孩子们展开讨论，想法从比总数、依次排序比到比平均数。这一思

借助真实的情境，对接儿童跳绳的经验，从比较两个组整体实力的问题入手。但为什么要给人数不等的素材呢？人数相等比总数即可，人数不等怎么办呢？由此让儿童产生学习平均数的需求。

路变化符合儿童的认知实际，在解决问题中让儿童初步感知平均数的算法意义和平均数的代表性。

师：体育课进行小组跳绳比赛，在规定时间内两个小组每个同学跳绳个数情况记录如下：

单位：个

组别	1号	2号	3号	4号	5号	6号
第一组	96	92	88	94	101	81
第二组	95	96	87	93	94	/

师：怎样比较两个小组整体的跳绳水平？

生1：我用总数比较，看两个小组每个人加起来的总数。第一组：96+92+88+94+101+81=552（个），第二组：95+96+87+93+94=465（个），552>465，所以第一组整体跳绳水平高。

师：有同学有其他的想法吗？

生2：我认为这样比不公平，因为一组有6个人，二组有5个人，人数都不同，明显用总数比不公平。

生3：我认为第一组整体比较好，因为6人中有4人都在90个以上，而且还有1人跳了100多个。

生4：我不同意。按照你的方法，第二组5个人中有4个人跳了90个以上，1个人跳了87个，比第一组最低的81个高。所以我觉得第二组整体水平高。

生5：我们能不能把第一组、第二组队员的成绩按照从高到低的顺序排列一下，然后再比较呢？（见下表）

单位：个

组别	1号	2号	3号	4号	5号	6号
第一组	101	96	94	92	88	81
第二组	96	95	94	93	87	/

如果比较前5个人，整体实力肯定是第一组好；可是两组人数不一样，第一组多了一个人，怎么比呢？

师：人数不一样，比总数不公平，比最高分、最低分等办法大家又没有统一的意见，那怎么办呢？

生6：我认为要计算平均数，就是要用每组的总个数除以每组的人数，这样才公平。

师：你还知道平均数？说说怎样计算？［**随学生所说板书：**

（96＋92＋88＋94＋101＋81）÷6＝92（个）

（95+96+87+93+94）÷5=93（个）。］

师：我们看第一组，92是什么意思？ 你们是怎么理解92个的呢？（见下表）

单位：个

组别	1号	2号	3号	4号	5号	6号	平均数
第一组	96	(92)	88	94	101	81	(92)
第二组	95	96	87	93	94		93

生7：比平均数92少的人就被跳得更多的人给拉上去了；要是超过92个，就会被跳得更少的人给拉下来了。

师：“拉”这个词用得真好，就

通过两个“92”的对比，让学生体会到2号同学的“92个”是自己实实在在的个人成绩，只代表自己的水平，而平均数“92个”是代表一个组的整体水平，感受到平均数是描述一组数据集中趋势的统计量，使学生进一步理解平均数的代表性。平均数还可以进行两组数据整体水平的比较，让学生感受到平均数具有比较、推断的功能，体会到平均数是进行推断的重要依据。

请把这一问题"两个'92'表示的意思一样吗？"和"2D版平均数"中的一个问题——"（平均数）21（没有人拍到21）是谁拍的数量呢？"进行比较，你有什么启发？吴老师让学生将平均数与样本中的个别数据进行比较，想要让学生体会平均数的什么特点？你还能想出类似的问题促进学生对平均数的理解吗？

是低分会被高分拉上去，高分又被低分往下拉，是吗？（打手势体现分数的高低变化。）

师：（继续追问）平均数是92个，第一组每个人的成绩都是92个吗？

生7：不一定。

师：92个就反映了第一组跳绳的整体平均水平，有的离平均数近一些，更亲近它；有的离平均数远一些。有了平均数，我们就可以比较出不同人数的两组跳绳成绩的高低。

师：第一组中的2号同学一分钟跳绳92个，第一组一分钟跳绳的平均数也是92个，这两个"92"表示的意思一样吗？

生：（纷纷发表自己的意见）2号同学一分钟跳的92个是2号个人的成绩；而第一组的平均数是92个，它代表这组同学的平均跳绳水平。

师：第一组的平均成绩92个，代表了第一组这次跳绳比赛的平均水平，我们可以说这个"平均数"代表了——

生：（纷纷脱口而出）代表了整组，代表了集体性，代表了整体性……

师：在相同时间内再进行一次跳

绳比赛，第一组的平均成绩还是92个吗？2号同学还跳92个吗？

生：不一定。

二、解决真问题，感悟平均数的统计意义

这一环节以真实问题为背景，以解决问题为目标，让儿童在问题解决的过程中，学习和运用相关的知识与方法。围绕“如何确定六岁儿童免票的身高标准”的真实问题，不能直接运用所学的知识和方法解决，最终把问题聚集在调查平均身高和如何求平均身高的问题上。在不断进行对话、质疑、思考的过程中，培育儿童的数据分析观念，即通过从网上收集、统计全部数据到抽样收集数据的多种方法的尝试中，让儿童从获得随意性的经验判断到获得利用数据解决问题的经验，逐步形成合理决策的能力，进而感受调查研究、收集整理分析数据的必要性，进一步理解平均数具有代表性的重要意义。吴老师引导儿童经

平均数统计意义的理解要基于真实的、现实的情境。“修改 1.1 米免票身高标准”这一问题情境具有一定的挑战性、开放性，能够激发儿童自主探究的愿望。

面对的是真实的具体的问题，用什么方法来解决这个问题，学生不是一开始就非常清楚的，需要对问题进行仔细分析，抽丝剥茧式地深入到解决问题的本质——调查数据，求平均身高。怎么调查？调查多少？从随便选到随机选样本，统计的味道更浓了。

历了数据分析的过程，有助于帮助儿童感悟平均数的统计意义。

1. 提出问题

师：有这样一件事情，需要你们帮助有关部门领导做决策。

（出示问题情境。）

> 某市原执行的6岁以下儿童乘车免票的标准是“1.1米”，现在儿童身高早已超标，需要修改原标准。如果你是决策人，打算怎样修订儿童免票身高标准？

师：不急，先独立思考，再小组讨论。

2. 在对话质疑中，培育数据意识

师：刚才进行了小组讨论，现在请说说你们的想法。

生1：我觉得应该看年龄决定是不是免票。

师：我们上车都拿着户口本吗？

生：（迫不及待地）不行。

生2：我们小组定的新标准是身高1.3米以下的可以免票。

师：你们都同意这样做决定吗？

有问题吗?

生3：你们小组凭什么定免票标准是1.3米啊?

师：（朝生3数竖起大拇指。面对生2问）你想说什么?

生2：我们感觉现在生活质量提高了，孩子长得快。六岁的孩子能长到1.3米就算高的了，所以就定1.3米了。

师：（若有所思）“领导”啊，你们一拍脑袋就定1.3米啦?仅凭感觉也太随意了吧!其他同学有问题吗?

生4：你们小组又没调查，怎么定的1.3米?

师：“调查”是什么意思?能说说你们的意见吗?

生4：先得调查6岁儿童到底长多高。

师：要想知道6岁儿童的身高，应该怎样调查呢?

生5：把某市所有6岁儿童的身高测量出来，再求出平均身高，就可以定新标准了。

师：大家有什么看法?

生6：这样太麻烦了。

师：你们还有什么好办法?

生7：可以在网上收集6岁儿童身高的数据。

生8：每个儿童都测量一遍太麻烦，可以先找一些小朋友量一量他们的身高，再根据这些数算出平均身高。

师：测量就可以知道身高数据了,为什么还要算出平均数呢?

生8：因为多数人的身高都在“平均数”左右。

师：对，“平均数”能反映出这一组数据的平均水平。“平均身高”代表了大多数6岁儿童的身高情况，也就是这个数具有——

生：（心有灵犀地）代表性。

师：我们回顾一下刚才讨论的过程，有的小组跟着感觉随意定标在随机选出8000名“代表”后，吴老师和学生一起先计算了这些数据的平均数，接着画出下页的数据分布图——虽然学生的头脑中不可能有“正态分布”这样的概念，但这种直观认识对于形成统计直觉来说是非常重要的。

准，不行，不做调查研究、坐在办公室拍脑袋的“领导”不靠谱；有的小组想到要调查，统计全部数据，根据数据做决策；有的小组觉得这样做太麻烦，提出选代表，到底选多少个代表合适呢？统计这事还真有讲究呢。

生9：选代表也不准确，如果选的都是矮的或者都是高的，就不行了。

师：你的意思是，选代表的时候不能人为地刻意挑选，这样会影响数据的客观性，所以要随机选代表（生9“哦”了一声）。统计上有一个词叫“随机”，有高个的，有矮个的，不做人为的干预。对随机选的代表的身高进行统计，再算出这些儿童的平均身高，基本上就能够代表全市6岁儿童的平均身高了。到底选多少代表合适，统计学上也是有讲究的，等你们了解了更多知识，自然就会理解了。

师：下面，我们就模拟一次有关部门处理这些数据的过程。假如此次调查选择了8000位代表，你们准备怎么办？（在黑板上先画一条数轴，再随手把一些数据卡片一一贴在数轴的相应位置上，形成点状图。）

生10：把这些数都加起来，再除以8000。

［**教师板书：（118＋113＋120＋105＋133＋127＋122＋…）÷8000＝120（厘米）。**］

师：怎么不除以9000呢？

生11：参加调查的是8000人啊，总数得与调查的人数对上。

师：好。假如平均身高就是120厘米，怎么定免票标准呢？

生：（齐）就定120厘米的免费标准呗。

师：你们怎么理解平均身高120厘米？从下面的图中看出了什么？

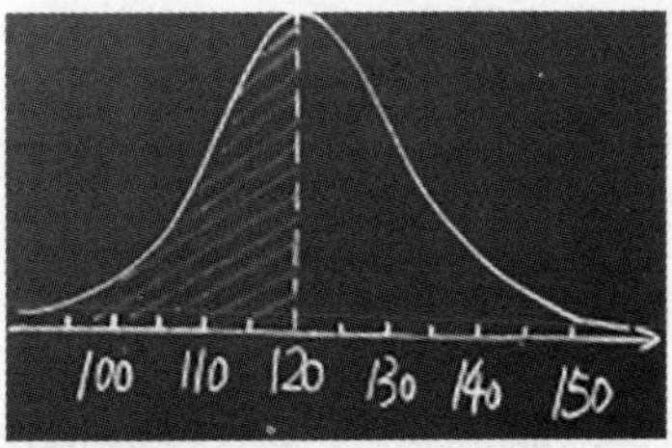

生12：我觉得大多数小朋友的身高在120厘米左右，如果免费标准定在120厘米，只照顾了120厘米以下身高的一部分人，比120厘米高的小朋友怎么办呢？

师：是啊，这么多高高低低的数

为了使得决策公平，数据必须有代表性，调查了8000人，为什么要用更为抽象的曲线图代替直观形象的点状图呢？这幅图说明了什么？

平均数的计算在这里似乎淡化了，但统计的味道更浓了。数据的收集涉及了“样本”“随机”等统计方法，体现了用小样本推知整体的统计思想。

据聚集在120厘米的周围，你们有什么好建议？

生：（争先恐后地）改成122厘米、125厘米、130厘米……

师：（走到黑板前，边说边画了起来，见下图）我听懂你们的意思了，这些竖线分别表示身高100厘米、110厘米、120厘米、130厘米……。如果定在120厘米这里，就只满足低于120厘米的人的需求，所以你们还想往后放一放，这样会有更多的人能享受免票。到底定多少，这在统计学上也是很有讲究的，这是一个综合的社会问题，还和国家的经济实力、到底让多少人享受待遇有关。随着知识的增加你们会理解的。标准定在哪里已经不重要，重要的是你们亲自经历了对数据收集、整理、分析、思考的过程。

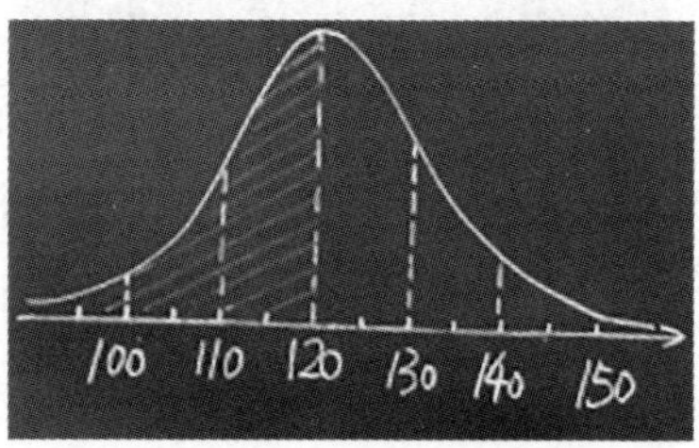

师：其实，不管标准放宽到哪里，“平均身高”反映了这组数据的整

体情况，是我们做出决策的重要依据。

3 .在特殊情况中体会“随机性”

师：这个标准一宣布，所有的家庭都皆大欢喜吗？你们看，姚明领着高高的女儿来了，一上车就问售票员：“我女儿还不到6岁，为什么要买票啊？”

（众生大笑。）

师：你怎么向姚明叔叔解释呢?

生1：您的孩子太高了。

生2：您孩子的情况比较特殊，我们不能照顾到所有的人。

师：你们对数据的把握能力很强！是的，我们虽然以“平均数”为依据制定标准，但也不能满足所有，只能代表大多数。平均数只能代表一般情况，事情总有特例。

三、在具体情境中，感受平均数的随机性

这一环节继续利用两组跳绳情境中的数据，通过三个假设，让儿童感

感受平均数的本质意义是代表一组数据的“一般水平”，即大多数数据会在平均数上下浮动，但是也存在特殊数据。

吴老师设计了三次假设活动，请您在文中找一找并用“______”画下来，思考这三次假设活动的价值是什么？

受平均数受所有数据的影响。在统计过程中，不仅让儿童感受平均数的敏感性，还要让儿童在预测未知情况时感受平均数具有随机性。

师：还是两组同学跳绳的情境，如果第二组再增加一名同学，比赛结果会怎么样？这组的平均成绩可能会发生怎样的变化？

生1：有可能会变大，也有可能会变小。

生2：也可能平均数还是93个，没有变。

师：假如新增加的同学跳160个，平均数会有什么变化？

生：平均数会被拉高。

师：假如新增加的同学跳了60个，平均数又会有什么变化？

生：平均数会被拉低。

师：什么情况下平均数会不变呢？

生：新增加的同学正好也跳了93个，这时候平均数就不会发生变化。

师：看来，增加一个新的数，就会对“平均数”产生影响。此时你们对“平均数”又有什么新感觉？

教学中通过三个假设问题的讨论，让学生感知“平均数”是一个统计量，它代表了这组数据的数量特征，这组数据中的每个数与“平均数”都有关系，感受平均数易受极端数据的影响，感受平均数具有敏感性。

生3：平均数会变。

生4：平均数容易上下波动。

生5：平均数受每一个数据的影响。

师：如果两个组继续比赛，他们的平均成绩会发生变化吗？第二组的平均成绩还一定会比第一组的平均成绩高吗？

生6：不一定。有可能高，有可能低，还有可能相等。

师：说说你们的理由。

生7：如果再比一次，我认为每个人跳的个数都有可能会发生变化，原来跳92个的再跳一次可能就跳90个了，原来跳得少的也可能会跳得多点，这样平均数就发生变化了。

师：有道理，再比一次，每个人跳的个数都有可能会发生变化，所以平均数也会发生变化，第二组的平均成绩就不一定会比第一组的平均成绩高了。

在讨论中让学生感悟数据的随机性，如果再进行一次比赛，由于每个人的跳绳个数都有可能变化，所以两个组的平均成绩也可能发生变化。从而体会一方面对于同样的事情每次收集到的数据可能不同，另一方面只要有足够的数据就可能从中发现规律，感悟统计的“不确定”的思维方式。

四、在阅读资料中，感受平均数的统计意义

通过阅读有关人均水资源和

平均数的教学，要让学生理解平均数所具有的“代表性”。通过这段资料的阅读，儿童可以体会到我国水资源的总量很大，但平均到每个人的数值很小，也就是人均水资源很少，从而进一步感受平均数的价值，感悟到平均数是做出某些决策的重要依据，再次凸显平均数的意义。这使儿童感受到根据数据做判断、做决策的道理，培养儿童整体性和相对性的思想，发挥统计的育人价值。

“三百星”的资料，在互动交流和提取有价值信息的过程中，让儿童明白为什么要节约用水的原因。通过对信息的理解，让儿童感受决定平均数大小的因素有两个：一个是总数量，一个是总份数，不能只看其中一个因素；感受数据分类在统计中的作用和利用平均数做决策的重要价值。

1. 阅读资料：中国的淡水资源丰富吗?

生1：学校的水房、卫生间贴有“节约用水”的宣传文字，为什么呢?

教师出示一则信息：

> 中国淡水资源总量为28000亿立方米，居世界前列。但人均水资源只有2200立方米，仅为世界平均水平的$\frac{1}{4}$是全球人均水资源最贫乏的国家之一，属于缺水严重的国家。

师：大家读完这段信息后，有什么感觉?

生2：刚读完第一句话，我特别兴奋，我们国家的水资源真丰富！接着读下去估算一下，我们国家有13亿多人，把28000亿立方米平均分成13亿份，人均水资源2200立方米，实在是太少了。

生3：读完这段话，我认为平均数的作用太大了，它能让我们了解最真实的情况。

师：假如只知道淡水资源的总量，你们怎么想？

生4：那我会认为中国的淡水资源很丰富，不用节约用水。

生5：读完信息知道人均水资源后，我的心一紧，节约用水要从现在做起。

师：水资源和每个人息息相关，“人均水资源”更好地反映了我国水资源的整体情况，是我们做出决策的重要依据。

……

2. 阅读资料：“三百星”的故事

师：请你阅读下列资料，试着提出问题并解答。

1970 年 4 月 24 日，中国发射了独立自主研制的第一颗航天器东方红一号卫星，迈出了走向太空的第一步。2020 年 11 月 24 日到 2020 年 12 月 17 日，嫦

通过阅读资料，知道中国空间技术研究院最近 50 年已经向太空发射了 300 个航天器，俗称“三百星”。从中提取有价值信息，用不同的数据感受平均数的价值。

通过阅读资料，根据每发射“一百星”所用年数，在整体对比和分段计算中，体会用不同平均数进行表达的意义，同时感悟中国航天科技加速发展的趋势。

> 娥五号完成了23天的月球采样返回之旅，创造了中国航天史上又一个里程碑式的成就。从东方红一号到嫦娥五号，中国空间技术研究院研制并成功发射了300个航天器，统称为“三百星”，包括第一颗人造卫星、第一艘飞船、第一颗导航卫星、第一颗月球探测器、第一个空间实验室、第一艘货运飞船。其中，发射第一个“百星”用了41年时间，第二个“百星”用了6年时间，而达成第三个“百星”只用了3年时间。[①]

生1：50年放飞300颗星，平均每年放飞几颗星？300 ÷ 50 = 6（颗）。平均每年放飞6颗星。

生2：第一个“百星”用了41年，求第一个“百星”平均每年放飞多少颗星？

第一个“百星”：100 ÷ 41 ≈ 2.4（颗）。

生3：受同学的启发，第二个“百星”用了6年，求第二个“百星”平均每年放飞多少颗星？

---

① 摘编自《人民日报》2021年1月18日“科技视点”栏目，文字有修改。

第二个“百星”：$100\div6\approx16.7$（颗）。

生4：第三个“百星”用了3年，求第三个“百星”平均每年放飞多少颗星？

第三个“百星”：$100\div3\approx33.3$（颗）。

师：通过大家提问题，你又有什么新发现？

生5：分别计算每一个“百星”平均每年放飞的颗数，从2.4颗、16.7颗到33.3颗能看出数据的变化趋势，让我们感受到祖国的强大。

生6：50年放飞300颗，平均每年6颗，这是多的给少的、匀乎匀乎后的结果，没给我留下太多的感受。而分别计算每个“百星”所用的时间时，我被震撼了。

师：你们真会思考！通过对比分析这三个平均数，特别是与“平均每年放飞6颗星”比较，可以更加直观理解平均数的统计意义，以及数据的变化趋势与程度，感悟我国航天事业的加速发展。

?

阅读资料，重要的是读什么以及怎么读。吴老师选取的“人均水资源”和“三百星”两份资料，有何用意？吴老师又是通过哪些问题引导学生理解、感悟平均数的统计意义的？

通过回顾整理总结，帮助儿童积累进行数学思考和解决问题的经验，让经验驻足：平均数作为解决这个问题的一个方法也自然需要研究和运用。真实的问题情境使儿童切实感受到平均数在解决问题中的作用，感悟到数学的价值。

五、回顾反思，梳理总结

本环节借助真实问题解决过程，引发儿童认知冲突，激励儿童的大胆质疑。引导儿童经历数据分析、运用平均数解释生活现象及解决生活问题的过程，感受平均数的价值与统计意义，之后进行回顾反思，谈自己的感受与收获。

师：通过这节课的学习，你有哪些收获？

生1：我会算平均数了，还知道在生活中会用到平均数。

生2：平均数的“家”是有范围的，它长在一组数据的最大数和最小数之间。

生3：平均数会变化，来了一个新数，它就会被拉高或拉低。

生4：平均数真厉害，能解决修订免票标准这样的难题。

师：我特别想让负责制定免票标准的“领导”说说，今后遇到事情你怎么办啊？

生5：要学会调查，用数据说话。

师：你们对平均数的感觉越来越丰富，越来越全面。回顾一下这节课咱们讨论的全过程，从跳绳成绩入手，体会平均数的代表性；在制定免票线时，我们一起经历调查研究、收集数据、分析整理数据的全过程，体会到数据后面承载着信息，懂得凡事要进行调查研究，根据数据做判断、做决策的道理。最后，我们又阅读了两份资料，感受平均数在生活中的广泛应用。今天我们初步走进“平均数”，感受它具有“代表性”“随机性”，以后还会不断用到平均数，你们会更深刻地理解平均数。

二

与同伴论课

与同伴论课

主持人： 施老师（30年教龄，特级教师）

参与者： 张老师（20年教龄，骨干教师）

刘老师（10年教龄，资深教师）

李老师（3年教龄，新任教师）

【主持人】20世纪80年代，吴老师执教的“1D版平均数”就广受好评，小实验的导入和各种题目的变式训练让人印象深刻，这一课被誉为那个时期的经典；21世纪初，吴老师上了“2D版平均数”，“拍球比赛”等活动让人记忆犹新，这节课在当时再次成为经典；十年后，吴老师再次突破自己，上了“3D版平均数”，成为今天的新经典。

也许经典不可复制，因为每一节课都是独特的，不同时期的数学教育背景、不同时期的老师和学生、不同时期的教学大纲与课程标准、不同时期的课堂，给了我们不一样的感受。但经典中的经验是可以学习的，接下来我们就具体讨论一下吴老师的这三节不一样的“平均数”，和更多的老师分享吴老师的经验。

话题一：为什么“三上‘平均数’”？三版“平均数”的意义和价值是什么？

【主持人】吴老师为什么会对“平均数”情有独钟？究竟是什

么原因，让吴老师多年来始终对同一个问题从头到尾地持续思考与研究，产出一个又一个的新案例？吴老师是怎么做到不断自觉反思，不断超越自己，创造出“平均数”的新经典的？三版“平均数”的意义和价值到底在哪里？大家有什么想法吗？

【李老师】首先，我想这是来自时代的呼唤。在大数据背景下，人们解决问题更需要调查研究，用统计数据做判断。正如我们前面所讨论的，“1D版平均数”聚焦算法意义，“2D版平均数”聚焦概念意义，“3D版平均数”聚焦统计意义，这三个不同版本的平均数是带着时代特征的印记。

我对“1D版平均数”比较感兴趣，虽然这是吴老师40年前上的课，那时的教学要求就是要让儿童理解关键词“平均”的含义，掌握“总数量÷总份数=平均数”的解题规律以及平均数的取值范围，所以要通过多种变式练习来训练学生的相关思维，形成解题能力。

即使现在看，它也是一堂好课，而且对我来说它最好学。课堂上主要围绕什么是平均数、如何计算平均数、如何解平均数应用题展开教学，通过动手操作、独立思考、小组交流、变式练习、规律总结等方法，训练学生的数学思维，提高学生解决平均数应用题的能力，让他们避免掉入题目陷阱。

【刘老师】我同意李老师的想法。尽管“1D版平均数”是以会计算、掌握方法为教学目标，但吴老师并不是以讲授、告知为主要教学方式，而是通过多种活动调动学生的眼、口、手、脑、耳等多种感官，让学生通过思考、练习、体验，自己找到方法、提炼规律、学会解题，很精彩。

我来说说“2D版平均数”这节课吧，因为它对我影响深远。当初我就是因为看了吴老师的这节课，坚定了当老师的决心。如果说刚才李老师谈到的“1D版”是主要聚焦算法意义的平均数的话，“2D版”我想它主要聚焦的是概念意义的平均数。这是因为21世纪初，随着《全日制义务教育数学课程标准（实验稿）》（简称“实验稿课标”）的颁布，“平均数”的教学目标发生了变化，从要求儿童掌握算法转向了要求他们理解平均数的概念意义，具备初步的统计意识。

我们从教学实录中可以看出，它也提到计算方法，但这并不是重点，吴老师也没有特别强调；它更关注的是儿童对平均数概念的理解——通过“拍球比赛中人数不相等，如何进行比较”这个问题，制造思维冲突，引发儿童思考，引出平均数，在平均数产生的需求上下功夫；感受平均数与实际拍球数的关系，通过多种真实情境让学生体会平均数的范围、算法及与实际生活的联系，从而更深刻、全面地理解平均数的意义。

【张老师】“3D版平均数”立足平均数的统计意义，突出了平均数的代表性、敏感性和数据的随机性。

在当今大数据时代，海量信息的获得离不开数据，如何获得、分析数据并做出合理的判断是信息社会中每个人应该具备的能力，而这正是统计的核心内容。随着数学课程改革的深入，“统计与概率”早已成为我们小学数学四个学习领域之一，具有核心地位；数据意识则是核心中的核心。《义务教育数学课程标准（2011年版）》还特别将实验稿课标中的“统计观念”修订为“数据分析观念”，《义务教育数学课程标准（2022年版）》（简称“2022版课标”）中关于统计与概率领域的核心素养是“数据意识”。因此，我们要从小培养儿童的数据意识和通过数据分析解决实际问题的意识和能力。“平均数”作为重要的统计量与现实有密切联系，这是新时代赋予“平均数”教学的新使命、新价值和新意义，如果这时再去过分强调算法、公式，那就与时代精神相违背了。

“3D版平均数”从儿童熟悉的“免票线”入手，引导学生感知平均数的代表性。制定免票线标准问题从抽样推知整体，在解决问题中、在对比中、在假设中、在阅读中发展儿童的数据意识。开展从报纸杂志中提取有价值的素材，让儿童利用所学知识去解读、去分析和评价等活动，可以有效发展学生的数据意识，让学生体会用“平均数”刻画数据平均水平的客观性和做决策的合理性。华东师范大学的鲍建生教授在点评吴老师的这节课时特别提到，平均数有数学意义上的平均数和统计意义上的平均数两种。之前的“平均数”课关注的多是数学概念上的平均数，“3D版平均数”关注的则是统计概念上的平均数。不论是将数据和统计图结合使用，还是让儿童解决免票孩子身高究竟是多少的真问题，可以说，吴老师把这节数学课上出了浓浓的统计味儿。这与2022版课标要求培养儿童的数据意识更加吻合了。

【李老师】我一直在想，40年来，对于同一节课，吴老师不是在习惯中行走，而是上了三个不同版本的“平均数”。这三节课虽然都在讲“平均数”，但从教学目标就能看出来它们又各有侧重，三节课的定位和特色各不相同。我发自内心地想问：为什么吴老师能不断尝试，不断超越自我，每节课都能让我们借鉴和思考呢?

吴老师教学艺术解密

如何做一个有追求的老师?

作为一名教师，吴老师始终站在课程改革的前沿，不断提出新问题，不断尝试解决。问题解决了，在别人眼中已经非常完美了，但她从不满足，而是持续追问，不断反思，尊重儿童的认知规律，把握数学本质。

1. 持续追问，不断完善：对同一个问题长时间地思考，永不满足现状，寻求新方法、新路径，不在习惯和经验中重复，而是对已有认识进行有益完善和拓展，做一个不断思考并不断超越自我的人。

2. 勇于实践，不断调整：把学习、思考、研究作为专业持续发展的助推力，把儿童放在心上，尊重儿童的认知规律，让抽象的教育理念转化为可视、可感的教学行为，在实践中勇于尝试，实现教学相长。

3. 善于反思，不断提升：把终身学习当作责任，不断反思提升，持之以恒地推陈出新，不积跬步，无以至千里，不积小流，无以成江河，量变引发质变。

吴老师的“平均数”从“1D版”到“3D版”，经历了四十余年。一个又一个版本的不断完善和拓展，就展现了如何做一个有追求的老师。我们学吴老师，学的不是一招一式，学的是做教师之道，要走上研究之路。从学术到悟道，是每个教师的期待。

【主持人】我也是一直在思考，不断超越、至臻至善是吴老师做事一贯的风格。吴老师是终身学习者的典范，她对儿童数学教育的思考和学习从未停止过。随着时代的发展，吴老师的格局更大了，视野更宽了，对发展儿童的核心素养和关键能力把握更全面了，对平均数的意义和价值思考得更深入了。她认为，统计不仅仅是让儿童绘制统计图表，掌握计算平均数等知识技能，重要的是培养数据意识；同时帮助儿童学会思考、学会表达、善于交流合作。而这些都要通过教学实现，于是就有了“3D版平均数”，而且很可能还会有“4D版平均数”“5D版平均数”。

话题二：三节课是如何创设真实的问题情境，帮助儿童理解平均数意义的？

【主持人】大家说得都很好。概括来说，“1D版”关注的是算法意义的平均数，“2D版”关注的是概念意义的平均数，“3D版”关注的是统计意义的平均数。这三节课虽然上课的时间不同，但在教学中都重视了创设真实的问题情境，激发了学生的思考和探究，大家对这方面有感受吗？

【张老师】这三节课都秉承了吴老师一贯的风格，体现了“好吃又有营养”的儿童数学教育理念。我印象很深的就是吴老师都是根据教学目标创设真实的问题情境。在三版教学中，吴老师创设了十几个情境，包括分水、分绳子的小实验，以及拍球比赛、门票统计、修订免票标准、跳绳比赛、水资源和“三百星”等。这些情境都那么真实，就来自儿童的生活，让儿童不陌生，有话说。而且这些情境不是静态的、只通过文字或语言描述的，而是动态的，需要儿童动手操作的、多感官参与的。更可贵的是，这些情境具有丰富的延展性，是包含问题链的，一个大问题下可以自然生成若干个小问题，好像一个一个的问题连成串，将儿童的思考推向深入。

比如看上去简简单单的拍球活动，实际包含着丰富的元素，多次触发儿童的思维冲突，引发儿童思考。在活动一开始，吴老师就把主动权交给儿童，提出“你想怎么比”的问题，引发儿童思考如何在短时间内有效比赛；第一次比赛结束了，吴老师自然地加入输的队伍进行帮助，有意造成人数不相等情况下的不公平，再次引发儿童思考：“看来人数不相等，就无法用比较总数的办法来比较哪队的拍球水平高，这可怎么办呢？”于是平均数隆重出场了。

到这里拍球活动该告一段落了吧？还没有。吴老师先让儿童用第二次比赛的数据探索怎么求平均数，帮助儿童掌握了算法；紧接着又用求出的平均数提问这个数“是谁拍的”，引发儿童思考平均数和实际量之间的关系，明晰平均数究竟是一种什么样的数。

至此，拍球活动才真正结束，这节课的主要教学目标——理解平均数的概念意义也基本实现了。我当时看这节课时，就感觉孩子们拍着拍着就达成了本节课的学习目标。

不过我想提醒教学经验还不够丰富的老师们注意，如果你们也想把拍球比赛搬进课堂的话，需谨慎照搬吴老师的做法，因为让孩子们在课堂上拍球是很有风险的——课堂很可能失控，我当年上课时学生的关注点要么在球上，要么在拍上，反正不在平均数上。所以建议让学生提前开展竞赛活动，完成数据记录，课上直接用数据，那样效果也会不错。

【刘老师】“3D版平均数”让我印象深刻的是开阔儿童视野的素材，把国家科技发展、民生大事都搬到了课堂上，从儿童坐车的免票线到对“三百星”的讨论、人均水资源的刻画等，让儿童感受到生活中处处有平均数的影子，所以情境创设的形式不重要，关键要切题。

同样是“3D版平均数”，吴老师面对不同的学生，也会有一些调整和变化。我曾经在现场听过一节课，吴老师用“平均分”这一情境替代了“小组跳绳比赛成绩”情境。它的特别之处在于，它是由儿童自己提出的。课一开始，吴老师就开门见山地问孩子们听说过平均数没有，儿童很快便想到了考试的平均分，还主动大声地说出自己的分数。这样简洁的导入不常见，也和“2D版”的拍球比赛和“1D版”的小实验导入非常不同，但达到的效果是一样的，甚至给人耳目一新的感觉。

吴老师教学艺术解密

坚持创设好的情境

1. 创设开放性的生活情境，也就是未曾加工的真实情境——也被称为裸情境，如拍球比赛、免票身高标准的制定等。这样的情境便于儿童从生活走入数学，使生活与数学产生链接而不是相互干扰。在生活和数学的双向勾连中，儿童完成概念的形成和理解过程，从而形成举一反三、学以致用的素养。

2. 创设挑战性的任务情境，在认知冲突和解决问题中激发儿童的学习兴趣和探究愿望，感悟所学知识的价值和魅力。

3. 创设知识关联的系列情境，在一个个和主题相关的“情境串”中，让儿童开展多感官学习；用情境推动思维由浅入深发展，体现循序渐进的认识过程，感受问题解决的先后顺序，遵循想事、做事的逻辑，积累想事、做事的经验。

好情境在真实的生活中，好情境体现了思维层次。情境是数学学习的载体，要从数学知识之间的联系、数学和其他学科的联系、数学和生活的联系的视角出发，从真实世界切入，呈现真实问题和真实情境，让儿童拥有“数学的眼光”。

【主持人】谢谢老师们的观察与分享。我们已经知道教学要从真实问题引入，引导儿童产生调查研究的需求。让儿童亲自经历收集数据、整理数据、分析数据的过程，感受数据蕴含的信息、规律和趋势，并根据数据做出判断、预测和决策，从而体会数据为解决问题所提供的重要依据，感受数据的力量。可见，真实问题的设计很关键。那么，应该如何设计呢？看了吴老师的课，你们有什么想法？

【张老师】这一切的发生都要建立在具体的问题任务上。就像

“3D版平均数”中，吴老师非常巧妙地设计了“如果你是决策人，打算怎样修订儿童免票身高标准？”的核心问题作为驱动，让儿童经历数据统计的全过程，并做出决策。

【李老师】是的，我初看这个问题时，就觉得它很真实，与每个儿童都相关，大家都可能遇到并想对它表达意见；但真表达起来又不是一两句话能说清的，具有一定的挑战性。这样的问题可以引起儿童的学习兴趣和探究愿望。

【张老师】确实，正如前面我们讨论过的情境创设怎么做，教学中教师要善于提供真实的“大任务”（大主题、大问题），还要将“大任务”细化为更为明确具体的“小任务”，让儿童在解决一个一个“小任务”的过程中，不断发现新问题，产生新冲突，形成一个有联系的“问题链”，在质疑与追问中产生新思考，明确新思路，做出新决策。

吴老师的这个核心问题看上去是一个任务活动情境，但其实它可以被分解成四个小任务或小问题：

“你打算怎么做？”——寻找数据的支持，感悟“拍脑袋”做决策不靠谱，必须“用数据说话”，培育“收集数据”的自觉。

“该怎样调查呢？”——探寻调查的途径，了解相关方法，初步体会随机抽样。

“模拟分析数据，准备怎么决策？”——寻求判断的依据，初步感悟依据数据中蕴含的统计量即“平均数”做决策，体会平均数的统计意义。

“考虑特殊情况，怎么向姚明叔叔解释？”——感悟平均数的意义、特征，体会真实生活中的平均数与极值，培养对数据的感觉和全面考虑问题的意识。

【刘老师】这四个小任务（小问题）都是由“如何确定免票身高标准”这一个大任务（大问题）线索中自然派生出来的，并串联起一个系统完整的任务链（问题链）。儿童经历这四个小任务（小问题）的解决过程，就如同完整体验了调查研究、收集数据、整理数据、分析数据、做出决策的过程。在这个过程中，儿童的数据分析不断进阶，而这个过程正是我们在教学中培养儿童数据意识的有效途径。

【张老师】是的，还要考虑儿童可能给出的回答，因为让儿童提出情境更考验教师的课堂应变能力——如果儿童说的不是平均分而是其他答案怎么办？如果儿童没有答案怎么办？如果儿童说了多种答案怎么办？……因为后续要在这个话题中让儿童明确平均数的算法和意义，所以存在更多的不确定性和生成性。

吴老师总是能根据儿童的水平做充分的预设与思考，所以她才会在统计图上以点状图的形式记录下孩子们说的数据。这样做的好处是：第一，及时记录生成的数据，让儿童和老师都能明晰地看到，便于后续分析；第二，将数据与统计图结合，使抽象的数据可视化、可被感知，并凸显本质，更有益于儿童理解；第三，渗透统计图的相关知识，加强儿童的数据意识。而有了这样的工具和直击本质的设计，不论儿童说什么例子，都可以囊括其中，以不变应万变。

话题三：如何进行有效设问，对接儿童的认知水平，用统计思维解决问题？

【刘老师】我还关注到了吴老师的提问。我发现吴老师提的问题基本上都是开放性问题，而且这些问题很多是在让儿童寻找联系、建立关系，将所学、所知、所感关联起来。

比如“1D版平均数”中的“重新分成的两条绳子长短和开始的两条绳子有什么关系？”“找到的平均数与原来几个数相比，有什么不同？”是在找同一个情境中不同事物的联系；“你能从前面的小实验中受到什么启发？”“为什么却用四个数的总和除以3呢？”是在帮助儿童建立不同情境之间的联系。“2D版平均数”中的“在平时的生活中，你们见过平均数吗？”“3D版平均数”中的“儿童免票线的制定，如何选代表？”就是在帮助儿童建立生活和数学的联系、生活经验与已有认知的联系，而且这种联系不是老师告诉儿童的，都要儿童自己去思考、去寻找。只有提供多样化的素材，儿童才能逐渐学会从整体的、联系的观点学习数学，把各个散落的知识点串联在一起，而它们的串联会对儿童的数学学习产生1+1>2的效果。

【李老师】不但这些问题在把儿童与数学联系起来，而且这些问题本身就是相互关联、链接在一起的。比如“2D版平均数”中大家印象深刻的拍球活动的问题链：

- 看来人数不相等，就无法用比较总数的办法来比较哪队的拍球水平高，这可怎么办呢？
- 21（平均数）代表什么？你怎么理解21这个数？
- 21（平均数）是谁拍的数量呢？
- 什么是平均数呀？
- 移多补少后，五个人拍球的个数变得怎么样了？
- 你们能用自己的话说说平均数到底是个怎样的数吗？

这些问题涵盖平均数出现的时机、算法、特征、定义和意义，它们顺应儿童的心理状态自然出现、紧密衔接、层层深入，共同描绘出平均数的样子，让儿童对平均数有了初步的感觉。这可以说是体现吴老师的儿童数学教育理念中的“有营养”的部分。

【张老师】更值得我们学习和反思的是，这些问题链还让我们感受到吴老师数学课的“好吃”——它们让我们感到吴老师和儿童是平等的，她总是在说“你……”；吴老师在儿童面前是示弱的，总是在问儿童“这可怎么办”；吴老师是充分相信儿童的，连平均数的算法也要让儿童自己想办法试一试；吴老师是懂儿童的，她总是在儿童困惑时通过问题给儿童以脚手架，让儿童自己找到更好的方法，或在儿童刚刚解惑之际又通过问题把儿童引到更深远之处，引发儿童新的思考；吴老师是爱儿童的，她不放过任何一个育人的机会，表扬、鼓励儿童的同时，示范给儿童要学会感恩。

吴老师教学艺术解密

什么是好问题?

提问是教师非常重要的一项基本功。提问能够起到引导教学方向、推动教学进程、揭示内容本质的作用。什么样的问题才是好问题呢?

1. 少问事实性问题，多问原理性问题。事实性问题就是“是什么”的问题，儿童回答时往往凭经验、靠直觉，思维没有充分地展现；原理性问题就是“为什么”的问题，体现知其然又知其所以然，数学是讲道理的，体现数学思考和思维进阶。

2. 少问封闭性问题，多问开放性问题：封闭性问题答案单一，体现不出对差异的尊重和儿童个性化的思考；开放性问题就会引发开放性的想法，能体现全体参与和同伴间智慧的碰撞与分享，有利于反思和提升。

3. 少问散点式问题，多问关联性问题：散点式问题没有结构，不利于儿童建构关联；关联性问题能给他们思考的空间，便于从整体上思考，促进儿童的理解和迁移。

【主持人】平均数也是有范围的，正像课堂里的发现：平均数是有“家”的，“家”是有范围的。怎样让儿童更好地理解这点？我看到吴老师是让儿童在算平均数前先估计平均数。但这样儿童也很容易发生“估到外面去了”的错误情况。面对这种错误，吴老师的做法也特别让我受益，想分享给大家。

当有儿童估计的平均数超过最大值后，吴老师并没有马上批评他，也没有忽视这个错误，更没有直接纠正，而是引发了一场课堂对话，通过质疑让儿童从同伴处领悟。这与我们一些教师的处理方式非常不同，我特别受启发。而这与吴老师在同儿童对话时常常提醒把“他……”改成“你……”有异曲同工之妙，这样的对话都在培养儿童学会与同伴对话、交流的能力，更体现了吴老师对儿童错误的宽容态度。教师不怕儿童犯错，营造安全的课堂氛围，儿童才敢于表达，不怕自己犯错，因此也不会掩饰错误、虚假学习。

这样的情况不仅发生在“3D版平均数”中，在“2D版平均数”中也同样发生过，可见这也是吴老师对待儿童错误的一贯态度，不怕错，因为“错着错着就对了，聊着聊着就会了，问着问着就明白了”。让儿童在错误中自觉醒悟，充分利用错误资源，让错误资源成为儿童学习的新能源，这正是吴老师重要的儿童教育观。

吴老师教学艺术解密

让错误资源变成再生的新能源

课堂上学生出错，是合情合理的。教师要愉悦地接纳错误，机智地筛选错误，巧妙地运用错误，把错误变成可以再生的新能源。

1. 敢于暴露“错误”：教师要设置挑战性任务，让儿童在自主解决中发现问题。在教学中要关注有困难的儿童，及时发现他们的错误和认知偏差。

2. 勇于接纳“错误”：正确对待儿童的差异，对于儿童出现的问题利用恰当的方式进行处理，可以用几何直观解释、生活原型类比、同伴反问提示、等待自我顿悟等方式。

3. 善于巧用“错误”：把错误当作宝贝和资源，找出其合理的成分，把错误进行转化，使错误成为儿童再发展的新能源。

教师要注意保护出现错误儿童的心理，在澄清过程中又要保护儿童的自尊心，让他们体会到教室是相互学习的地方，出错也没关系，我们每个人都是在不断修正错误中进行学习和成长的。

话题四：如何让儿童经历数据的收集、整理与表达过程，培养儿童的数据意识？

【主持人】发展儿童的数据意识需要一个过程，需要对数据进行收集、整理与描述，继而进行分析，并基于趋势做出预测推断。这就需要老师在具体情境中培育儿童“收集数据、整理数据”的自觉；在比较中，引导儿童选择合适的统计图表记录数据，学会表达；在真实的任务驱动中学会分析数据，关注趋势，合理决策。下面我们就聚焦吴老师的“3D版平均数”，讨论一下它是如何培养学生的数据意识这一核心素养的。这是一个大问题，我们可以分成几个小问题来讨论。

【李老师】我先问一个问题。我们平时的教学中总感觉数据意识离生活有点远，即使教给学生，它也常常被放在角落，想不起来用，似乎平均数只存在于题目中。那么应该如何让儿童体会到数据意识对决策的重要性，产生调查研究的运用自觉呢？

【张老师】这确实是一个值得思考的问题，不只是儿童，我们成人也是如此，生活中常常可以看到“拍脑袋做决定”的情况发生。这就需要我们教师在具体情境中引导儿童做好第一步——调查研究，因为调查研究是收集数据的来源。记得吴老师在“3D版平均数”中是这么做的。她提出了一个和每个人都息息相关的问题让孩子们思考：

某市原执行的6岁以下儿童乘车免票的标准是“1.1米”，现在儿童身高早已超标，需要修改原标准。如果你是决策人，打算怎样修订儿童免票身高标准？

孩子们一开始的表现就是在“拍脑袋”——恨不得马上表达意见。这时吴老师语重心长的一句“不急，先独立思考，再小组讨论”，让儿童变得冷静下来，也更加认真地对待这件事。接着，吴老师让大家共同对话，自由表达意见，不合理的部分会受到质疑：

“我们小组定的新标准是身高1.3米以下的可以免票。”

“你们小组凭什么定免票标准是1.3米啊？”

“6岁的孩子能长到1.3米就算高的了，所以就定1.3米了。”

“仅凭感觉也太随意了吧！”

“你们小组又没调查，怎么定的1.3米？”

“先得调查6岁儿童到底长多高。”

真理越辩越明。儿童在与老师、同学的对话中“聊着聊着”就感悟到了调查的重要性，但这个过程离不开教师的引导和支持。

比如刚开始时就有孩子脱口而出“看年龄决定是不是免票”，吴老师马上提出一个现实的问题“我们上车都拿着户口本吗？”，用问题提醒大家思考，及时扭转可能发生偏差的思考方向。

【刘老师】孩子们接着提出的“1.3米以下的可以免票”的替代建议好像得到了认可，但这不正是“拍脑袋做出的决定”吗？这是老师必须干预的，而且也是干预的难点。如果直接告诉儿童你要先调查研究，也许这节课学生记住了，但也会很快就如前面所说被他们置于角落，在做决定时依然是用“我觉得……”开头。

只见吴老师缓缓地问大家：“你们都同意这样做决定吗？有问题吗？”这既是提醒也是鼓励，提醒大家思考其中的问题，鼓励有疑问的学生表达所想。在吴老师的鼓励下，有孩子问出了“你们小组凭什么定免票标准是1.3米啊？”。

这时吴老师没有说话，而是用“竖起大拇指”的肢体语言表达了对学生思考的赞赏。无声胜有声，相信这个孩子心里一定像吃了蜜一样甜，而不能随意做决定的念头也就开始在头脑中扎根了。

【李老师】此时距离“做调查”想法的提出还有一定的差距，吴老师在表示认可儿童说的“仅凭感觉也太随意了”之后，继续问大家“还有问题吗？”，促使学生持续思考。在儿童问出“你们小组又没调查，怎么定的1.3米？”后，吴老师抓住时机，适时追问“‘调查’是什么意思？能说说你们的意见吗？”，并顺势提问“应该怎样调查呢？”，最终谈到调查的方法，引出体现代表性的平均数，并通过讨论帮助儿童理解平均数的算法、特征和意义。

也许这样经过若干回合的师生、生生对话才引出调查和对平均数的理解，显得效率太低，不如一句话告诉学生省事，但我们老师要记住，如果这里省事了，后续一定会费事，因为学生的学习建构是没有捷径可以走的。

【主持人】在吴老师“3D版平均数”的课堂上，我们看到她舍得花时间、不厌其烦地引导儿童理解平均数具有代表性的重要意义，为什么她一次一次地追问？到底追问出了什么？这样的追问意义何在？下面我们就“如何帮助儿童领悟平均数具有代表性的重要意义”这个话题展开讨论。或许对这个问题的讨论，会让我们对统计教学中为什么要安排平均数的学习有新的认识和感悟。

【李老师】刘老师的分析给我很多启发，看似简单的调查，要想真正让儿童内化于心、外化于行，还真不是一件易事，是我们教学中应该花大力气去做的。不过我还有个疑问：为什么学统计就要学平均数？平均数的本质特征又是什么？是刚才提到的代表性吗？

【张老师】经过调查收集到的数据还要经过整理、分析和推断，最终才能做出决策。低年级时我们学过通过分类的方式整理数据，而分析和推断数据的重要基础就是平均数，因为它是反映一组数据集中趋势的量，在数据分布中起着重要的作用，在统计学中也具有重要地位；而且它和我们的生活最贴近，使用最多，能消除很多误差，让决策更可靠。所以我们要培养儿童的数据意识，就离不开平均数。

【刘老师】我对这点印象很深。吴老师不是直接告诉儿童平均数的定义，而是通过咬住跳绳“92个”不放松，让儿童通过对“92个”的不同意义进行对比、讨论来理解平均数的本质特征的。

在这节课对两个小组跳绳个数讨论的环节中，儿童通过讨论解决“哪个小组跳绳成绩好”这个问题，体会平均数产生的必要性。通过“总个数÷人数”得到“92”这个平均数，再追问：“你们是怎么理解92个的呢？”孩子们的回答还是主要针对算法的理解，但顺着他们的回答，吴老师抛出一个更接近本质的问题：“平均数是92个，第一组每个人的成绩都是92个吗？”孩子们根据自己跳绳的个数并不是92，理解到平均数并非实际的跳绳成绩。吴老师停顿了一下后，继续抛出直击本质的问题：“第一组中的2号同学一分钟跳绳92个，第一组一分钟跳绳的平均数也是92个，这两个“92”表示的意思一样吗？”就这样，在七嘴八舌的回答中，儿童进一步理解了“2号同学一分钟跳的92个是2号个人的成绩；而第一组的平均数是92个，它代表这组同学的平均跳绳水平”，体会到平均数的代表性特征，感受到数据是会说话的，要仔细去领会背后的含义。

除此之外，吴老师还追问：“在相同时间内再进行一次跳绳比赛，第一组的平均成绩还是92个吗？2号同学还跳92个吗？”我觉得这个问题问得特别好！这就是数据的随机性。我怎么就想不到呢？

吴老师教学艺术解密

怎么才能实现有效的合作交流？

自主探究、合作交流等是课堂教学中比较常用的学习方式。怎样实现有效的合作交流呢？

第一步，给儿童独立探究的时间。布置任务后，给儿童留出空间，让他们自主思考解决问题的答案，让他们心里有“底”，为有条理地表达准备素材和证据。

第二步，给儿童交流分享的机会。给儿童表达、沟通、交流的机会，为不同水平的儿童搭建脚手架，让没想法的儿童认真倾听，有想法的儿童充分发表各自的想法，并注重儿童想法交流的顺序性，思维从直观到抽象、由浅入深，体现循序渐进的层次；交流的过程就是儿童思维水平进阶的过程，体现有道理的表达。

第三步，给儿童提出问题和困惑的机会。对于不同想法敢于质疑，在此基础上也要关注多样化方法背后的联系，促进儿童对概念向深度和广度延伸；更要关注有困惑的儿童，给他们表达的机会，尊重差异，注重全体参与，体现共性表达和个性表达的和谐统一。

【主持人】这正是吴老师的用心所在。因为她知道帮助儿童理解平均数代表性的意义，才是平均数最重要的意义、最核心的本质，还要在适当时机让儿童体会平均数的随机性。这就是站在统计的视角去认识平均数学习的意义。

【张老师】虽然这节课涉及平均数的多个特征，但对这个本质特征，吴老师可是通过多种形式贯穿到底的——在最后决策儿童免票身高究竟是多少的任务中，吴老师竟然给儿童呈现了正态分布统计图这一高中数学的知识。不过为了避免给儿童的理解带来困难，她有意略去了复杂的统计术语，只是让儿童仔细观察直观、简易的统计图，理解“这么多高高低低的数据聚集在120厘米（平均身高）的周围”这一特点，让儿童对平均数的认识潜在地得到升华，也更好地理解了平均数为什么是决策的重要参考依据。

【主持人】咱们平时讲平均数，关注点主要是在算法和概念的理解上，今天看到吴老师的课堂紧紧咬住“代表性”不放，正是凸显了平均数最本质的意义，值得我们分享和思考。咱们这个话题的讨论很有意义。平均数还有一个重要特征——敏感性，我们可以后续继续思考。

【李老师】平时总感觉吴老师的课特别好，但就是学不会。和老师们这样来讨论，感觉更懂吴老师，也更懂吴老师的课堂了。以前教“平均数”这一课时就想着儿童能读懂题目、会计算平均数就行，现在看到了平均数的丰富性、真实性，甚至还觉得它挺有趣。

【刘老师】是的，因为吴老师懂儿童、懂数学，她不是把平均数冷冰冰地、生硬地介绍给儿童，而是把平均数当作一个内心丰富的伙伴介绍给儿童，这样儿童更容易接受，更容易对平均数产生感觉。班里还充满着笑声。就这样，儿童在欢声笑语中又多了解了平均数这个伙伴一分，再看到平均数时就可能会更加理智、全面地去看待它了。你们看，吴老师总是想办法去引导儿童用自己的语言诠释对数学概念的理解。这样的认识是儿童自己内化的结果，是理解性的学习，这样的认识才是深刻的。

【主持人】发现数据变化趋势，从而做出合理的判断决策，都离不开对数据的直观感觉。在生活中，我们会经常用到帮助做判断决策的平均数。因此，作为统计数据的“平均数”是小学数学知识体系的“承重墙”。

我们要帮助儿童建好这面“承重墙”，就需要我们对平均数样态的整体进行把握，有更高的站位和更宽的视野，有更加本质的理解，有更加准确的教学目标定位。（指向教学目标）

同时，要联系儿童的生活实际规划蓝图，设计有层次的学习任务，建立有逻辑关系的问题链，让儿童在真实的问题链中不断发现、分析、解决问题；更要找到符合儿童认知规律，儿童适合的、可理解的方式对知识砖块进行黏合，这样“承重墙”才能坚固。（指向教学设计）

此外，要打通“平均数”与统计图表之间的“隔断墙”，善于沟通它们之间的密切联系。鼓励儿童在动手操作和对统计图表的直观观察中深入理解平均数，利用数形结合，真正感受到平均数的统计力量。（指向教学艺术）

由此，我们才能有效促进儿童的数据分析水平的进阶，让学习真实发生，帮助儿童为迎接未来世界做好必要准备。

感谢各位老师的参与，我们今天就先讨论到这里。

三

吴老师开讲

吴老师开讲

帮助儿童理解平均数丰富的意义

很多老师问过我同一个问题：“您为什么要‘三上平均数’？您的‘2D版平均数’我们认为已经很好了，为什么还要重新设计第三版？”的确，多年来我不断地思考改进，“三上平均数”走过了漫长的时光，这也是自己不断持续思考实践、不断向专家和老师们学习的过程。我一直保持着不断自我反思和追问的习惯，即使今天我还在思考：会不会产生“4D版平均数”？怎样的“平均数”教学可以更好地发展儿童的数据意识，让他们在学习中有更好的发展？“三上平均数”是我和大家不断学习研究的结果，我也想就此案例的讨论让更多一线教师认识到，教师是一份具有创造性的工作，因为社会在发展，儿童在变化，我们对教育的价值追求在不断变得清晰和完善，这就需要我们教师不断学习、调整、优化教学，持之以恒地以敬业的工作态度和专业的教学能力开展教学。教师要想为儿童的可持续发展贡献力量，那么教师首先应该成为一个终身学习者。

在本书前文中，我们看到了相应的课堂纪实片段，老师们也进行了讨论，下面我就结合着自己对“三上平均数”的思考研究过程和大家进一步交流，抛砖引玉，希望能够引发老师们更加深入的思考和实践。

一、追根溯源，了解统计意义下“平均数”教学的发展历程

“平均数”是统计与概率领域的重要内容，它是一个统计量，属于统计教学范畴。我们先来看看小学统计教学的整体发展。

小学统计教学的发展

我国的小学统计教学，大致经历了三个阶段：第一阶段，聚焦统计图表和账簿的实用技能；第二阶段，全面重视统计知识技能培养和简单统计思想方法的渗透；第三阶段，强调经历统计的全过程，并明确提出统计的核心：统计观念（后改为数据分析观念，现为数据意识）。

从新中国成立以后的数学课程标准（教学大纲）可以看出，关于统计的安排，大致经历了三个阶段：

第一阶段，大致为新中国成立初到20世纪60年代中期，统计教学聚焦于统计图表和账簿的实用技能，核心目标是认识并能绘制统计图表、能记账，均安排在小学最后一个学期。

第二阶段，大致为20世纪70年代到20世纪末。相对第一阶段，此阶段开始全面重视统计知识、技能的培养和简单统计思想方法的渗透，教学内容逐步明确为：数据的收集和整理、简单统计图表，特别是把原来作为典型应用题教学的“平均数”，改为从统计的角度来认识。统计教学也由原来的集中于六年级下学期改为在中、高年级分2—3次安排，采取了螺旋式上升的学习方式。

第三阶段，大致为21世纪初至今，此阶段的统计教学受到了前所未有的重视。大数据时代，统计已经“入侵”到各个研究领域以及人们日常生活的方方面面，统计的核心——数据分析观念已成了每个公民不可或缺的核心素养。随着社会生活的发展，统计越来越多地需要用部分推断整体、用已知分析未知、用过去预测未来。随着时代和科技的发展，统计的内涵与重点也在发生改变。一些完全可以交给计算机完成的绘制图表或算出某个统计量的技能，不再是统计的重点，替代它的则是面对各种不确定的情境，收集、整理、分析和利用各种数据信息，做出推断和决策的意识和能力，已经成为现代公民必备的核心素养。

“3D版平均数”教学的时代背景和价值追求

21世纪以来，颁布了三次课程标准，从2001年颁布的实验稿课标中的“统计观念”到2011版课标的“数据分析观念”到2022版课标的“数据意识”成为统计与概率教学的核心。

实验稿课标首次把统计与概率作为数学的四大内容领域之一。就统计而言，强调让学生经历数据的收集、整理、描述和分析的全过程，掌握一些数据处理的技能，明确提出了统计课程的核心为“统计观念”，主要表现在：“能从统计的角度思考与数据信息有关的问题；能通过收集数据、描述数据、分析数据的过程作出合理的决策，认识到统计对决策的作用；能对数据的来源、处理数据的方法，以及由此得到的结果进行合理的质疑。”概率部分则是全新添加的内容，从感受不确定性现象到计算一些简单事件发生的可能性都有涉及。各个版本的教材在每个学年甚至每个学期都会安排相应的统计与概率领域的教学内容。对于平均数的学习，课标要求“理解平均数的意义”。

2011版课标中，明确指出数据分析是统计的核心，并对数据分析观念有了清晰具体的阐述：“了解在现实生活中有许多问题应当先做调查研究，收集数据，通过分析作出判断，体会数据中蕴涵着信息；了解对于同样的数据可以有多种分析的方法，需要根据问题的背景选择合适的方法；通过数据分析体验随机性，一方面对于同样的事情每次收集到的数据可能不同，另一方面只要有足够的数据就可能从中发现规律。”数据分析观念与统计观念都强调数据分析的意识与方法，不同的是数据分析观念特别指出要通过数据分析体验随机性，加强了统计与概率之间的联系。

统计与概率领域做了进一步的调整：内容上精简后移，表示数据集中趋势的三个统计量在小学阶段只保留了最基本、最重要的平均数，中位数、众数则后移至第三学段；此外小学阶段只需感受可能性的大小，定量刻画可能性的要求也后移至第三学段。对于平均数的学习，课标要求为“体会其作用，并能用自己的语言解释其实际意义”。

2022版课标中，统计与概率的核心是“数据意识”。数据意识是指：“对数据的意义和随机性的感悟。知道在现实生活中，有许多问题应当先做调查研究，收集数据，感悟数据蕴含的信息；知道同样的事情每次收集到的数据可能不同，而只要有足够的数据就可能从中发现规律；知道同一组数据可以用不同方式表达，需要根据问题的背景选择合适的方式。形成数据意识有助于理解生活中的随机现象，逐步养成用数据说话的习惯。”这版课标把“百分数”移入这个领域，加强对“平均数”和“百分数”两个统计量的学习。

综上所述，从这些变化中我们可以看到，从2001年实验稿课标到2011版课标，“统计与概率”领域对知识技能的要求有所降低，削枝是为了强干，对“平均数”等核心知识与“数据分析观念”核心素养的理解与感悟得到了进一步凸显；从2011版课标到2022版课标，从数据分类到数据的收集、整理和表达再到随机现象的可能性，重在培育儿童的数据意识。

三个版本"平均数"在教学中的发展历程

我为什么要"三上平均数"？"三上"的价值到底在哪儿？基于时代背景，"三上"既是对数学学习本质的逐渐深入探索，也是对教育价值的更加准确定位。数学的教育功能到底是什么？仅仅是做题、考试、得高分吗？如何在学习中促进学生关键能力的发展？如何在数学教学中教书育人？我们来一起看一看三个版本的"平均数"在教学中的发展历程。

1D版平均数：关注平均数的算法意义，掌握"总数量÷总份数=平均数"，重在通过计算的方法解决问题，关注的是总数量和相对应的总份数，利用除法意义得出平均数的结果。教材上有什么就教什么，精讲多练是当时提倡的。

2D版平均数：关注平均数的概念意义，理解平均数是通过将大小不同的数据"匀乎匀乎"，采用"移多补少"的方法得到的。同时让儿童感受平均数产生的必要性，知道平均数是有范围的，介于大数和小数之间。教学中还要让儿童会用平均数解释生活情境中的现象，进而理解平均数的概念意义。

3D版平均数：关注平均数的统计意义，初步感受平均数是代表一组数据整体平均水平的统计量，体会其代表性和随机性，运用平均数解释现实现象，积累分析处理数据的经验，并能用平均数介绍生活中的现象，重在发展数据意识和应用意识。

基于"三上平均数"的背景思考，我们有必要运用"数据意识"去重新审视平均数的教学。当教育改革不断深入，教育价值越来越清晰后，我们的教学也随之发生优化，教育要服务于社会发展，服务于人的发展。这恰恰给"平均数"教学提供了启示，不能只让儿童体会平均数的作用、能计算平均数，还要感悟到平均数能刻画一组数据的集中趋势，感受平均数是一个具有代表性的重要的统计量。要从简单的计算和解决问题发展到系统的统计知识，理解平均数代表一组数据的整体水平，体会平均数的代表性、敏感性、随机性，感悟平均数的统计意义，提升儿童的数据意识。

二、整体构建，理解平均数的统计意义，感悟平均数的代表性

明确2022版课标要求，理解变化

统计与概率是小学数学的重要领域之一，主要包括“数据分类”“数据的收集、整理与表达”“随机现象发生的可能性”三个主题。

数据分类的本质是根据信息对事物进行分类。学生经历从事物分类到数据分类的过程，感悟如何根据事物不同的属性确定标准，依据标准区分事物，形成不同的类。在学习统计图表时，学生将进一步认识数据的分类，从中感悟对事物共性的抽象过程，为进一步的数学学习奠定基础。

数据的收集、整理与表达，包括数据的收集，也包括用统计图表、用平均数和百分数等统计量表达数据。在学习过程中，让儿童初步感受现实生活中存在大量数据，其中蕴含着有价值的信息，利用统计图表和统计量可以呈现和刻画这些信息，形成初步的数据意识。“平均数”作为统计与概率领域的重要内容，教学中应突出其统计意义。学生要在真实的问题情境中，感受学习平均数的必要性，体会平均数可以刻画一组数据的集中趋势，代表一组数据的整体水平，理解平均数具有代表性，感悟数据意识。

2022版课标将“平均数”的学习安排在第二学段，相关要求如下。

内容要求：探索平均数的意义，能解决有关的简单实际问题。能在简单的实际情境中，合理应用平均数，形成初步的数据意识和应用意识。

学业要求：知道用平均数可以刻画一组数据的集中趋势，知道平均数的统计意义；知道平均数是介于最大数与最小数之间的数，能描述平均数的含义；能用平均数解决有关的简单实际问题，形成初步的数据意识和应用意识。

教学提示：平均数教学要引导学生在熟悉的情境中理解平均数所具有的代表性，通过刻画一组数据的集中程度表达总体的集中状况。例如：某篮球运动员平均每场得分、某地区玉米或水稻的平均亩产、某班级学生的平均身高等，理解平均数的意义；也可以让学生经历收集体现社会发展或科技进步数据的过程，初步体会平均数的统计意义，形成初步的数据意识。

理解平均数的本质意义，建好“承重墙”

平均数作为小学阶段的一个重要的统计量，也是学生遇到的第一个统计量，是统计学中最基础、最重要的概念之一，是目前小学数学统计与概率领域刻画数据集中趋势的唯一统计量，它是通过原始数据得到的，用来描述一组数据的整体水平，也就是平均水平，它不是客观存在的，具有“虚拟性”。它的优点是反应灵敏、简明易解、适合进一步演算并且较小受抽样变化的影响。

平均数表示一组数据的集中趋势。原始数据，或者说样本，往往纷繁复杂、杂乱无章，不利于看出全貌或推断整体。我们需要对样本进行加工整理并计算出一些量，以便统计推断。像平均数、方差、中位数、n分位数、众数、极值等，这些由样本算出的量，或者说原始数据的函数，便是通常所说的统计量。众多统计量中，平均数显然是最为人所熟知且使用最为广泛的，其算法十分简单，即一组数据之和除以数据的个数，而其内涵则十分丰富。平均数最基本的统计意义为表示一组数据的集中趋势，用来表明数据相对集中的中心位置或对象的一般水平。如平均数位于最大值与最小值之间，平均数与每一个原始数据有关，尤其会受极端数据影响，平均数可以不等于任何一个原始数据，可以是一个在现实中没有实际意义的数，等等。

从实际上讲，凡事既有一般，又有例外，如对于运动与健康的关系，确有不经常锻炼者的健康状况优于经常锻炼者的情况，但我们关注的是“平均来说”，运动者的健康优于不运动者。由此，我们可以得到统计上的结论：运动有益健康。

从理论上看，正如陈希孺先生所言，“从理论的角度也走一点极端，则可以说，一部数理统计学的历史，就是从纵横两个方向对算术平均数进行不断深入的研究的历史”[①]。纵向指平均数本身，无论是大数律、中心极限定理、正态误差理论等，都是对平均数深入研究的成果，如今成了支撑数理统计学大厦的支柱。横向指有些统计方法，看似与平均数无关，实际也是平均数思想的发展。如最小二乘法——统计中最基本、最重要的拟合数据的方法，也是大数据背景下机器学习最基础的算法，便是平均数性质的拓展。

平均数在解决问题中有广泛的应用价值，但我们不能因为平均数的重要性质和核心地位，就不加分辨地以为用平均数来刻画数据的集中趋势一定是最佳选择。当数据中有极端值存在或者呈偏态分布时，

---

① 陈希孺．数理统计学简史［M］．长沙：湖南教育出版社，2002：73.

平均数会被极端值“拖拽”而偏离原本的数据中心。此时，我们往往会寻找可替代的统计量。如用中位数、众数等来刻画数据的集中趋势。我们还可以分别用方差或标准差（对应平均数）、n分位差（对应中位数）、异众比（对应众数）等统计量来进一步定量刻画上述统计量的代表性。事实上，把大量原始数据压缩成一个统计量，必然在反映一部分信息的同时也会牺牲掉一部分信息，也因此，不存在绝对完美的统计量。人们常说，统计没有对错之分，只有好坏之别，这恰恰是统计的特点或者说魅力所在。

正因为平均数有着丰富内涵，在统计中又有着如此重要的地位，因此，小学里我们学习平均数，绝对不能一蹴而就，要放慢拉长儿童学习和感悟的历程，需要反复地体验、应用。

建立知识关联，打通“隔断墙”

2022版课标这样描述对平均数内容的要求：“探索平均数的意义，能解决有关的简单实际问题。”我们来看平均数前后学习的联系。（见下图）

平均分 ⟹ 平均数 ⟹ 百分数

平均数是在第一学段儿童已经理解了平均分及除法运算含义的基础上进行教学的，是除法意义的再理解和再应用，在运用平均数解决实际问题中，是应用“总数 ÷ 份数=每份数”来进行计算的。在教材中一般会通过移多补少直观求出平均数，使学生直观感受到平均数代表一组数的整体水平；然后体会先合后分也可以求出平均数，借助统计图建立移多补少和先合后分的联系；最后学生悟出：先合后分的方法其实就是相当于把不一样的几部分合起来求出整体，再通过平均分算出每份是多少，移多补少也是在总数不变的情况下把多的移给少的，最终同样多了。所以移多补少和先合后分得的数都是平均数，在对比的过程中就理解了先合后分的算理。这样的学习，沟通了平均数与除法的关系：总数 ÷ 份数=每份数（平均数）。同时根据乘除法关系，学生也能推出：平均数 × 份数=总数。学生既能顺向地由总数推算出平均数，也能逆向地由平均数推算出总数。同时也让学生进一步理解平均数代表一组数的整体水平。

“平均数”是小学第二学段学习的内容，结合具体情境感受为什么要学习平均数，平均数的本质是代表一组数据“整体水平”的数据，平均数介于最大数与最小数之间，是刻画一组数据集中趋势的统计量，通过小样本数据推知整体数据，理解平均数的“代表性”；而数据来源于调查，利用已有调查的数据，推测未知的数据。平均数的教育价值在于通过利用平均数解决有关实际问题，感受平均数产生的必要性、平均数的代表性和随机性，培育儿童的数据意识。

“百分数”是小学第三学段学习的内容，它是小学阶段继“平均数”学习之后的第二个统计量。百分数的本质是对两个数量倍数关系的表达。一方面，它可以表达确定数据；另一方面，也可以表达随机数据。它可以对随机事件的判断和决策提供依据。百分数的教育价值在于通过引导学生学习并利用百分数解决有关实际问题，感受百分数的应用价值，积累解决问题的经验，帮助学生形成数据意识和应用意识。

平均数和百分数是小学阶段要学习的两个重要的统计量，教学中要引导儿童深刻认识其本质，理解其统计意义，建立二者的统计关联，打通“隔断墙”，这对于培养学生整体理解统计量、建立数据意识格外重要。

三、读懂儿童，突破学习困难，帮助儿童提升思维水平

在日常教学中，会出现把“平均数”的教学定位在如何求出平均数，过多强调“移多补少”“先合后分”的具体方法的现象，把会计算平均数的方法作为教学重点，忽视了平均数作为统计量的特殊含义。“平均数”教学的困难不在于计算，而在于对可以做代表的认同、对计算结果的解释、对平均数一些隐蔽性质的洞察、对平均数适用条件的敏感以及在解决问题过程中从数据的多个角度综合判断做出决策。那么，如何在教学中在读懂儿童的学习困难，帮助他们在现实情境中理解平均数的统计意义呢？下面将从以下三个方面来谈。

创设真实情境，感受平均数学习的必要性

从现实生活问题入手，运用熟悉的现实情境，创设认知冲突，让学生感受平均数对于问题解决的重要性，从而体会平均数产生的必要性，感受其价值。

教学“平均数”时要从学生熟悉的真实情境入手，如某项体育比赛中的平均成绩，电视新闻、报纸上报道的某些有关平均值的事件等，在真实的背景下理解平均数的现实意义。两个小组都是六个人的跳绳比赛，哪个组的水平高？毫无疑问，比跳绳总数即可。而当两个小组人数不相同时，再比总数就解决不了问题了。在解决问题的过程中，平均数应运而生，儿童逐渐找到了“公平”的比较方法，感受到平均数产生的必要性，初步感受平均数能代表一组数据的整体水平，为进一步理解平均数的统计意义打下了基础。

小学生学习统计，一定要是生动活泼的，要从儿童生活中的需

要出发，用统计来解决真实问题。日常学习生活中，有大量让儿童主动收集数据、亲近数据的机会，不必非得等到专门学统计时才开始关注数据。如让学生记录换乳牙的时间，换乳牙的顺序，自己身高、体重的变化，每天看电视、上学路上用的时间，天气情况，班里近视同学的人数，种的绿植、养的动物的生长情况等，还可以利用媒体和统计网站等提供的各种数据资源。鼓励儿童从自己感兴趣的话题出发，发现并提出问题，而后利用数据来分析和解决问题。让儿童感到数据无处不在，体验数据分类的价值和数据的威力，体会数据中蕴含着信息，培养儿童的数据意识。

经历统计的全过程，体会平均数的“代表性”和“趋中性”

让儿童经历收集数据、整理数据、分析数据和做出决策的全过程。收集数据来源于调查、整理数据，可以用统计图表让数据可视化、更有序和有条理；也可以用平均数或百分数这两个常见的统计量。因此，要淡化统计图表绘制、统计量计算等技能的要求，强调对于同样的数据存在多种描述和分析的方法，并能引导儿童根据问题的背景选择合适的方法去描述和分析。

首先，要让儿童理解，纷繁复杂的原始数据，通过“移多补少”压缩成一个简单的统计量或一个形象的统计图来处理分析，一定会在反映一部分信息的同时损失另一部分信息，突出一部分信息的同时弱化另一部分信息。重要的是所有这些都需要学生在经历、比较中体验。以平均数为例，平均数可以看出数据的一般水平，却看不出数据的真实分布。比如，只知道一个房间里人们的平均年龄，我们无法判断是一个老奶奶看护着一群小婴儿，还是一些同龄少年在嬉戏；如果数据呈偏态分布或者多峰分布，那么平均数则不能很好地反映数据的集中趋势，生活中常常出现有人的收入处于中上水平，却依然低于平均数的情况；再结合实际的问题情境，如在确定修筑堤坝的高度或限定桥梁的承重时，了解河流的最高水位、材料断裂的最小强度（极值）比了解平均水位、平均强度（平均数）更有用。

教学中可以引导儿童收集真实的数据进行分析，例如可以将全班同学的身高数据进行收集整理，从整理后的数据中发现信息，体会平均数的价值，了解平均数的特征，感受和理解平均数具有“代表性”的统计意义。

其次，要创设利用小样本数据推知整体的情境，从而感受其代表性。通过随机抽取一个小组的平均成绩预测整个班的成绩，还可以通过一两个班的成绩预测全年级的成绩，总体平均数可能不同于样本平均数，但会在样本平均数附近，不会太出乎意料，一切都在预知的范围内，这也体现了平均数的“趋中性”。

最后，要有意识地让儿童经历统计量、统计图的创造过程。即面对问题，用哪个统计量、统计图去刻画和分析数据？不一定有现成的统计量等着他们去选择，需要让他们自己去思考、去创造。一方面，基本的统计量、简单的统计图，不能将之作为常识去灌输，儿童需要经历再创造的过程；另一方面，还可以大胆地创造一些新的统计量或统计图。

例如，在学习平均数之前，就可以针对具体的问题提出挑战性任务，如面对某个儿童多次不同的踢毽成绩，可以问学生用哪个数去表示他的水平比较合适。学生即使没有正式学习相应的统计量，也能基于一些朴素的直觉，用各种方法选择数据的代表。他们可能会选最好成绩、排序后的中等成绩或出现次数最多的成绩等，这样的再创造过程，比直接进入平均数的计算更有意义。

如果踢毽中有突发情况带来了极端数据，平均数和中位数都不一定是最好的选择。学生也许会用去掉两端极值后再求平均数的方法，实际上可以看成为寻求敏感性和稳健性的平衡，平均数向中位数做出了适度妥协。如2022年北京冬奥会单板滑雪男子U型场地技巧资格赛中，一名单板滑雪运动员滑完后，五名裁判分别打出81分、94分、83分、88分、84分，那么这个项目的分数是如何计算得出的呢？计算时去掉最高成绩和最低成绩，该运动员的最终得分为85分；如果计算时没有去掉最高分和最低分，他的最终得分是86分。去掉最高分和最低分后再求平均分就是充分考虑了极端数据对判断和预测的影响而做出的合理选择。总之，不能教条地按照既定程序处理数据，要鼓励儿童结合实际的判断与创造，以及必要时适当地灵活变通。

正如2022版课标案例中“三百星”问题，在统计过程中，始终坚持开放性的对话，鼓励儿童结合实际背景和需要，综合考虑多方面因素，探索更好的标准和选择，使他们体会到统计没有“对错”，只有“好坏”，进而对统计的相对性有更深刻的体验。今后就不容易被有意或无意夸大的表象所迷惑，可以做出独立甚至批判性的分析与思考。

在预测与决策时，感悟平均数的“随机性”

随机性本是概率学中的概念，简单来说就是“偶然中的必然”。以往教学主要是通过概率让学生体验事件发生的随机性。2022版课标明确指出通过数据体验随机性。这一要求符合儿童的认知特点，避免让儿童过早地进入抽象的概率计算。在理论学习之前，利用丰富多样的统计活动帮助儿童积累随机性体验，从而打通统计与概率之间的“隔断墙”，建立它们之间的关联。

在统计学习的整个过程中，都可以让学生感悟随机。小学里以描述统计为主，没有正式学习抽样理论，我们可以抓住各种机会，基于数据让儿童在直觉和经验的层面感悟随机。

儿童天天上学，怎么能做到不迟到呢？让儿童想办法，他们想到了可以“记录自己从家到学校所需要的时间”。同时需要考虑到不同人的交通方式不同：有人走路，有人坐公共汽车，有人坐私家车。以小明为例，他每天走路上学，记录五天的时间分别是13分钟、11分钟、12分钟、10分钟、14分钟，这五天走路上学的平均时间是12分钟，最长是14分钟，最短是10分钟。虽然每天时间都不一样，只要留出10—14分钟，基本上能保证不迟到。是不是留出14分钟，就一定不迟到呢？也不一定，可能有意外，比如赶上了红绿灯或者忘记带手工材料要返回家拿，14分钟就可能到不了——尽管一般情况下没有问题，但一切皆有可能。

如果小明再统计一周走路上学所需要的时间，还是13分钟、11分钟、12分钟、10分钟、14分钟这五个数据吗？学生能预测不一定是这五个数据，可能是15分钟、13分钟、9分钟、12分钟和13分钟。虽然每天走路上学的时间不一样，最长和最短的时间也不一样了，但平均时间还是在12分钟左右，在平均数附近，有起有伏，不会离12分钟太远，即不太可能出现下周走路上学的平均时间是8分钟或20分钟的情况。

对这些问题的讨论，使儿童对随机性的两层含义有了充分的体验。

教学统计意义上的平均数，要考虑到样本的随机性和预测结果的随机性。样本的随机性，需要把每个数据都看成独立的样本，是通过抽样得到的，而且每次抽样是独立进行的，每次抽样过程在本质上是一样的，但每次抽样的结果不一样，平均数也会发生变化。还可以通过很多方法得到数据，不同方法得到的数据可能是不一样的，由此算出的平均数也可能会发生变化，但一般也不会相差太多。

教师要发展儿童的数据意识，就必须在特定的情境中促使他们想到用平均数、愿意用平均数来解决问题。还可以通过对比分析平均数、特殊数据等活动，感悟统计领域特有的“不确定”的思维方式，感悟随机性。

总之，平均数作为一个重要的统计量，在描述和推断中都有重要作用。平均数可以以一个数据代表一个群体的数据，体现的是集中趋势。平均数易受极端数据影响，但与中位数和众数相比，平均数能更多利用所有数据的信息。作为一名教师，我们要深刻理解概念的内涵，虽然小学阶段平均数的学习只是以描述为主，但我们要让儿童感受到其统计的意义，为他们后续的统计学习打下基础。

四、教学建议

在统计教学中培养儿童的数据意识，要让他们经历数据的收集、整理、描述分析并进行统计推断的全过程，这一点已经成了老师们的共识。平均数最基本的统计意义为表示一组数据的集中趋势，作为重要的刻画数据集中趋势的统计量，其蕴含的统计意义以及数据意识就应被放在突出地位。那么，应该如何帮助儿童体会平均数的统计意义呢?

创设真情境

进行“平均数”教学时一定要提供真实情境为儿童理解平均数的意义做支撑。从小实验到拍球，从跳绳到免票线，从“人均水资源”

到“三百星”等真实情境的呈现，首先是让学生感受到学习平均数的价值，其次是在情境中对数据进行理解、判断和决策。例如通过平均数解决有关的简单实际问题，感受样本数据的集中趋势能表达总体数据的集中趋势，从而理解平均数可以帮助人们做出预测和判断，感受其统计意义。如有些地方儿童乘车免票身高标准是1.3米，床的长度大约是2米，卧室门的高度大约是2米，矿泉水瓶的直径大约是6厘米，这些数据都是基于调查统计、计算平均数后得出的。除此之外，在对平均数的学习中，提倡开展综合实践活动，在解决现实问题中培养儿童的应用意识，让他们在实践活动中经历统计的全过程，感受统计意义，解决实际问题。

设置“问题串”

深度学习的基本观点之一就是所有数学课都应该是问题解决课，其中有现实情境中的问题，也有来自数学本身的问题。教师在教学中要明确核心问题，把核心问题分解成“问题串”，让深度学习真实发生。“问题串”既指向教师教的逻辑，也指向儿童学的逻辑，教师要将教的逻辑转化为儿童学的逻辑。做到了教学融合，使教师的教和儿童的学保持一致，就可能实现教什么、学什么、学会了什么三者之间的贯穿和融合，指向了学习的实际获得。如：

（1）哪个小组跳绳的整体水平高？——感受学习平均数的必要性。

出示了第一小组六名学生跳绳的个数：96、92、88、94、101、81；第二小组五名学生跳绳的个数：95、96、87、93、94。学生计算出每组的平均成绩分别是92个和93个。

追问1：谁能说说“92”和“93”分别表示什么？

（2）2个“92”一样吗？——体会平均数的代表性。

追问2：一组的平均成绩“92个”和第二位同学的“92个”一样吗？二组的平均成绩“93个”和第四位同学的“93个”一样吗？

（3）如何知道两个小组所在年级学生跳绳的整体水平？——初步体会通过样本数据的集中趋势表达总体的集中趋势。

追问3：如果想知道两个小组所在年级学生跳绳的整体水平，你怎么确定呢？

生：先得调查这个年级每个学生跳绳的情况。

师：如果这个年级一共有500人，应该怎样调查呢？

生：先随机找30个学生看一看跳绳的个数，再根据30个人的平均数就可以预测出整个年级学生的跳绳平均数。

师：假如30个人跳绳的平均个数是95，整个年级学生跳绳的平均个数是多少呢？

……

在教学“平均数”时设置真实情境，在“问题串”中，让儿童知道调查研究、收集数据的重要性，感受平均数产生的必要性。通过具有挑战性和开放性的问题解决，让他们经历数据整理、分析、表达的全过程，切实感觉到平均数在解决问题中的作用，感悟平均数的代表性。在不断深入地解决问题的过程中，让学生体会平均数学习的价值，通过随机抽样获得小样本的平均个数并用来推断总体样本的平均个数，感受平均数的统计意义。

用“真任务”驱动

在真实的任务驱动中，激发儿童解决问题、完成任务的欲望，同时让儿童体会平均数的统计意义。教学中要鼓励儿童思考和解决具有挑战性的问题。如在教学中设计了这样的任务“某市原执行的6岁以下儿童乘车免票的身高标准是'1.1米'，现在儿童身高早已超标，需要修改原标准。如果你是决策人，打算怎样修订儿童免票身高标准？"抓住三个问题，即："如何决策免票身高标准？""决策的依据是什么？""如何得到这个决策依据？"鼓励儿童讨论解决问题的方案，让他们体会到，做决策要有依据，不能"拍脑袋做决定"；再引导他们讨论如何调查数据、收集整理数据，渗透"抽样"的统计方法；最后，让儿童算出平均数，并做出决策。这样儿童经历了解决问题的过程，感悟到平均数是做出某些决策的重要依据，再次凸显平均数的统计意义和学习价值。

学会做决策

在教学中要让儿童体会到平均数对决策的重要支持作用，产生调查、研究和运用的自觉。让儿童亲近数据，养成用数据说话的意识，通过数据分析对随机现象做出判断，通过数据分析为决策提供参考信息。让儿童养成面对现实的问题、需要做出判断时能想到数据，能有用数据说话的意识，知道数据中蕴含丰富的信息，又能理性地看待数据分析的结果。这种感觉就是数据意识。

总之，"平均数"教学要从"算法理解、概念理解、统计理解"三个方面来引导儿童理解平均数，建好"承重墙"，尤其要重视平均数统计意义的理解，即发展他们的数据意识。我们期望能够培育儿童收集和整理数据的自觉，打通统计与生活之间的"隔断墙"；儿童能选择合适的方法描述和分析数据，打通统计知识之间的"隔断墙"；儿童能通过数据体验随机性，打通统计与概率之间的"隔断墙"，从而使他们对数据产生丰富的情感，真正和数据成为好朋友。

四

专家说

专 家 说

一节有意思又有新意的好课

——吴正宪老师“2D版平均数”一课的赏析

周玉仁（北京师范大学教授）

吴正宪老师执教的“2D版平均数”是一节颇有新意的好课。这节课有以下几个特点。

一、很好地体现了平均数产生的必要性

《义务教育数学课程标准（2022年版）》把“数据意识”作为核心素养的主要表现，它是理解“统计与概率”内容的基本线索。而平均数作为重要的刻画数据集中趋势的统计量，其蕴含的统计意义及数据分析观念就应放在突出地位。吴老师通过她的精心设计，把教学重点恰如其分地落实在平均数的统计意义上，为我们做了很好的示范。

课一开始，从孩子们喜爱的游戏入手，两队同学比赛拍球，看哪一队获胜。她让孩子们自己想办法，把学习的主动权交给学生。“一个人代表不了大家的水平！我们要再多派几个人！”“每队再各派三人上台接着拍球吧。”这便是抽样，渗透了统计含义。当两队拍球的总个数算出来后，吴老师又故意参加了输的一队，一下子使总数发生了变化，同学们不服气：“不公平！”那么，怎样才能公平呢？“考试算平均分”的经验被激活，学生想到了“匀乎匀乎”的办法。这一“匀乎”，表明了孩子们已从实际问题的困惑中产生了“求平均数”

的需求，吴老师便水到渠成地引入了“平均数”，并和大家一起探索求平均数的方法。

吴老师通过活动的设计，让孩子们初步体会到平均数的产生是需要前期对数据进行调查研究的，并感受到数据背后所蕴含的信息。问题解决了，吴老师话锋一转：“你们能用自己的话说说平均数到底是个怎样的数吗？”学生七嘴八舌地议论开了，有的说：“平均数不大不小，是靠近中间的数……”最后一个学生若有所思而又腼腆地说：“……我觉得平均数是……虚的，可是又很公平。”好一个“虚”字，它勾出了平均数与原始数据之间的不同；好一个“公平”，又隐隐约约地道出了平均数的实质。于是，吴老师因势利导地引导大家把平均数与原始数据一一比较，它既不是第一个人的拍球数，也不是第四个人的拍球数，却代表了这组四个人拍球的总体水平。此时此刻，孩子们已从心底确认平均数可以进行比较。

吴老师以这种“润物细无声”的教学艺术引导学生来体验平均数的统计意义（当然是初步的，但很有价值），对三年级学生来说，做到了“不高不低、恰如其分”。

二、为孩子们的思维碰撞搭台

吴老师非常注意培养学生的问题意识，她不但善于抓住学生不断生成的新问题，也善于提出挑战性的问题。通过结合生活实际的情境：比较两队人员拍球成绩问题、售出门票问题、小刚家平均用水量、平均水深以及三条数学阅读的信息，尤其是对“今年我市平均每户有2.7人”的质疑和辩论，在解决一个个问题过程中，加深了学生对平均数算法意义和平均数概念意义的理解，让学生进一步体会平均数介于最大数和最小数之间，比较好地反映了一组数据的总体水平。这些具有深刻思维价值的现实情境，为孩子们的思维碰撞搭了新的平台。

三、润物无声的人文感染

教育要以促进学生的发展为本，吴老师的课着眼于促进学生的发展，才会具有如此的影响力和感染力。

吴老师总能恰到好处地找到育人的素材，如在自然博物馆的门票出售情况统计图的讨论中提出："如果你是自然博物馆的馆长，看到这个信息，你会有什么想法？"孩子们自然流淌出责任与真诚："一定要提高服务质量，热情招待每一位顾客。""做好宣传，邀请边远山区同学们有机会来参观。"……课堂里的吴老师没有过多地说教，但是价值观的引导和教育水到渠成，润物细无声。

教书育人贯穿课堂始终。吴老师关注每一位孩子，尤其是学习有困难的孩子。她给每一个孩子表达的机会，不放弃给每个孩子参与的权利，对于有认知偏差的孩子恰当引导，让他们在自我反思、相互学习中获得发展。

四、实实在在的学习交流

我们教师要转变角色，要做教学活动的组织者、引导者、合作者，学生才是学习活动的主人。在整节课教学中，吴老师一直在组织、在引导，她组织并参与学生游戏，引发学生思维矛盾，启发学生积极思考。她是孩子们的伙伴，更是他们的朋友，虽然有一个学生把平均数估计到极值以外，她仍给学生鼓励，给予肯定。吴老师为学生创设了一个又一个情境，一步一步引导学生始终自主积极参与整个学习过程。求平均数是有公式的，但是吴老师并没有讲公式，而是通过巧妙的教学设计，让学生通过正反例对比，实实在在地悟出其中的“对应”思想，进而从根本上来理解求平均数的方法，这比起过去的记公式、套公式有效得多，深刻得多。我们可以看到在课堂上师生、生生的频繁互动和交流，孩子们畅所欲言，气氛和谐欢快，因为他们无论是说对了，还是在辩论中暂时失败了，都能得到被尊重的体验。

这是一节具有思维含量的数学课，课堂上有观察、操作、估计，有对数据的分析、整理，还有反思，在活动中学生逐步体会平均数的产生、形成过程，受到数学思想方法的熏陶，并从中又获得了数学学习的积极情感，感受到数学的力量。

吴老师的这节课，可以概括成三句话：理念新，学生活，课堂实。

专家说

打造经典

——观摩吴正宪老师“3D版平均数”一课的几点感想[①]

鲍建生（华东师范大学教授）

最近有幸两次观摩著名数学特级教师吴正宪老师执教的“3D版平均数”[②]，并与她有过比较深入的交流，感想颇多，很愿意与同行们分享。

吴老师在数学课堂上的亲和力与教学机智早已在小学数学界广为流传，吸引了众多“粉丝”。我也很喜欢吴老师的教学风格，而且我认为在小学阶段，通过老师的教学魅力让孩子们喜欢上数学课进而喜欢数学是最重要的。

2005年，莱什等人提出“数学教育是一门设计科学”[③]的观点，得到了许多人的赞同。作为一门设计科学，除了基础理论外，更重要的是创意的设计和可以成为经典的作品。在日常教学工作中，教师所从事的实际上都是设计的工作，从单元教学设计，到课堂导入的设计；从问题情境的设计，到课堂活动的设计；等等。可以说，我们并不缺课堂教学设计的“课例”，缺的是可以成为经典的“作品”。

吴老师的这堂“平均数”是不是可以成为经典，当然不是哪个

① 本文发表于《小学数学教师》2018 年第 7—8 期，收入本书时有改动。

② 注：吴老师的“3D 版平均数”也有不同的版本，此评析版本与书中前文呈现略有不同。

③ Lesh R, Sriraman B. Mathematics education as a design science [J]. Zentralblatt fürDidaktik der Mathematik, 2005, 37(6): 490 - 505.

人说了就算的。但就我自己而言，这堂课带给我的思考和启发是很多的。下面，我就从教学设计的角度简单谈几点。

一、作为数学概念的“平均数”与作为统计概念的“平均数”

我们知道，数学和统计学都是一级学科，这意味着数学与统计学在研究问题、研究方法等方面都是有本质区别的。“平均数”的概念在数学中和统计学中都有，数学中的“平均数”可以看作两个数的“平分”（算术平均），也可以看作数轴上两个点的“中点”，还可以看作两条线段的“取长补短”（梯形的中位线）；那么，统计中的“平均数”有什么不一样的特点呢？怎样才能在“平均数”课中上出“统计味儿”呢？

吴老师的这堂课是通过让学生回忆最近一次数学考试的平均成绩引入“平均数”的概念的。虽然这是一个很平常的课题导入方式，但其中的几点设计还是很有启发性的。

首先，虽然在许多“平均数”的课例中都是通过平均成绩导入的，但一些老师用的是“某个班级的某次考试成绩”，而吴老师用的是“我们班最近一次数学考试成绩”。前者是一种虚拟情景，其中数据是没有真实含义的；后者不仅数据是真实的，而且与每个学生有直接的联系。这就反映了数学与统计的一个区别，统计中的数据应该是真实的、有意义的，每个学生都可以运用这些数据讲自己的故事。

其次，如果只是让学生依据每个人的成绩计算平均成绩，那就是一个数学过程。吴老师没有“到此为止”，而是让学生考虑自己的成绩与“平均成绩”的关系：谁的成绩比平均成绩低？谁把平均成绩“拉高”了？这个平均成绩“代表”了什么？这些问题很好地反映了统计与数学的区别。“平均数”是一个统计量，它“代表”了这组数据的一种数量特征，这组数据中的每个数虽然与“代表”都有关系，但“亲密程度”并不一样。在我最近观摩的吴老师的另一堂“平均数”的课中，吴老师还让学生讨论：“平均成绩”有什么意义？孩子们居然发现了四种意义：除了上述的“代表性”外，还“可以推测每个同学在这次考试中的位置”，“反映我们班这次考试的总体水平”，“可以和其他班级比较”。我觉得，学生似乎已经开始尝试用统计的方式思考问题了。

二、数学中的“问题解决”与统计中的“问题解决”

我们都熟悉数学中的“问题解决”，通常会给出一个明确的“答案”：或者是一个明确的数量和表达式，或者是判断一个命题的真假。即使是在“很不确定”的数学建模活动中，要找的仍然是“确定”的数学关系，运用的是“确定”的推理方法，依据的是“确定”的数学理论。

那么统计呢？统计中的“问题”与数学中的问题有区别吗？“答案”有区别吗？解决问题的思路、标准有区别吗？我觉得，吴老师这堂课就是一个有代表性的“样本”，可以帮助我们去理解上面这些问题。

在课堂上，吴老师和孩子们要解决的是下面这个实际问题：

> 北京市原执行的 6 岁以下儿童乘车免票的标准是“1.1 米”，现在儿童身高早已超标，需要修改原标准。如果你是决策人，打算怎样修订儿童免票身高标准？

这是一个典型的统计决策问题。在解决这个问题的过程中，吴老师和孩子们大概经历了以下几个阶段。

阶段1：确定决策目标

北京市相关管理部门想要达到的目标是：让6岁以下的儿童可以免票乘车。这个目标看起来是明确的，但实际操作起来就出现了“问题”：乘车时如何证明一个儿童没有超过6岁？让每个儿童都随身带着户口本或身份证？这显然是不现实的。可行的办法是像以前一样，用身高作为判断是否可以免票乘车的标准。那么，用谁的身高呢？领导“拍脑袋”行吗？孩子们经过讨论，得出的比较合理的做法是：考虑6岁儿童的平均身高。于是便进入了第二阶段。

阶段2：提出统计问题

需要解决的问题是：北京市6岁儿童的平均身高是多少？这是一个典型的只有通过统计才能解决的问题，因为“6岁”是一个不确定的概念，而北京市的6岁儿童的身高是一个“海量”数据，我们不可能“算”出北京市6岁儿童平均身高的精确值。那么统计学是如何处理的呢？于是便进入第三阶段。

阶段3：收集数据

要收集的是北京市6岁儿童的身高数据，那么如何收集呢？有学生提出“网上收集”，有学生说“先请来10个或20个”，于是自然产生了数据的“代表性”和“随机性”问题。能从四年级小学生口里听到“随机选代表”的说法是出乎我意料的，这也再次印证了我们不能低估儿童的观点。在这堂课上，孩子们想了许多“随机选代表”的办法，虽然这些办法还算不上真正的随机抽样，但至少他们已经形成了对随机性的初步概念建构。

阶段4：数据处理

在“随机”选出8000名“代表”后，吴老师和学生一起对数据进行

了两种处理：一是计算平均数，二是画出下面的数据分布图。（见下图）

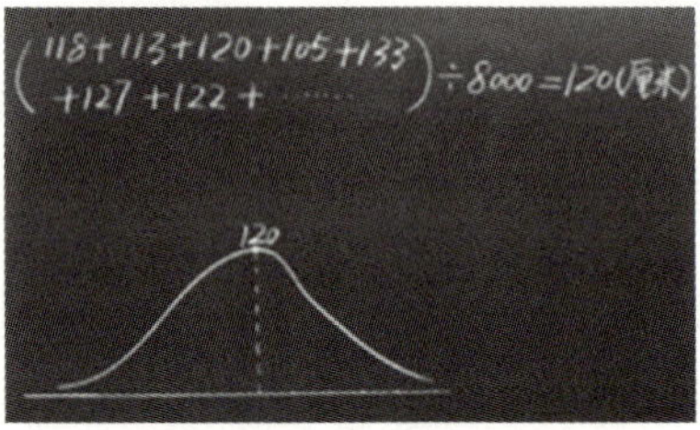

就我而言，这是我第一次在小学的课堂里看到统计量的分布图，我相信，四年级学生的头脑中不可能有“正态分布”这样的概念，但这不妨碍他们对这种分布图产生直观的认识，而这种直观认识对于形成统计直觉来说是非常重要的。

阶段5：统计决策

在计算出了北京市6岁儿童的平均身高120厘米之后，就到了“依据统计结果进行决策”的阶段，但很快，孩子们又发现了问题：用平均身高120厘米作为免票乘车的标准合适吗？学生们都认为不合理，因为按照这样的标准可以免票的差不多只有一半的儿童。于是，问题没有解决：到底如何定标准才合理？学生提出增加5厘米、6厘米、10厘米……。虽然在这一阶段，学生还很难给出更为合理的“标准”，但我相信，以后他们会想到更多的办法，除了平均数以外，还可以用众数、中位数、四分位数、正态分布等，因为这个“问题”已经成为一颗“种子”埋在孩子们的心田里，会开出统计思维的花朵。

阶段6：考虑例外

这种情况在中小学的统计课中很少看到，但在吴老师的这堂课里却很自然地出现了，因为有学生想到了“姚明的孩子”，孩子们甚至还想出了处理例外的办法：让姚明的孩子随身带着出生证。我想，这不仅仅是一个有趣的问题，更重要的是可以帮助孩子们理解统计的本质：用统计方法进行决策时通常是有例外的，因为统计研究的是不确定现象，也正因为这样，统计学离不开概率论。

通过经历上述活动过程，我觉得学生至少可以体验到：

- 数据是可以帮助我们做决策的；
- 为了实现决策公平，数据必须有代表性；
- 可以通过很多方法得到数据，不同方法得到的数据可能是不一样的，由此算出的平均数也可能会发生变化；
- 在依据数据做决策时需要先确定一个标准，但不管标准如何定，都可能有例外的情况；
- ……

我想，上述体验对学生来说是很重要的。也许有人会说，这对小学生来说太难了，他们是不可能理解的，我想说的是，那有什么关系呢？这些体验会帮助他们以后在适当的时候理解的。更何况，我们常常低估孩子们的潜能。

在写结束语时，我又想起了前面的问题：吴老师的“平均数”是不是可以成为经典？我相信，这堂课是可以成为经典的。这不仅是因为吴老师上过很多次不同版本的“平均数”，也不仅是因为她的这些课已经广为流传，还在于她对一堂课长期不断的精心打磨和长时间的静心思考。她曾和我说过，在她刚走上教师岗位的时候就上过“平均数”，后来又一直在上，自己从来没有满意过，从来没停止过思考，所以不断研磨，不断反思，不断尝试新的设计，直到今天。而对今天这堂课，她仍然在说，还有遗憾，还需要再改进。

所以，我很期待吴老师的下一堂“平均数”。

专 家 说

在探索中追求卓越

——评吴正宪老师三个版本的“平均数”教学

马云鹏（东北师范大学教授）

从2000年开始结识吴正宪老师，听了她许多小学数学课，每次听课都有新的认识，都会引起对数学教学的新思考。吴老师总是站在改革的前沿，不断提出新问题，不断探索新问题，哪怕是大家都觉得很好的课，她也不会满足，总是思考创新的路径和方法。而这种创新不是形式上的创新，而是关注学生成长、体现数学本质、适应时代发展的创新。这是不断改进的过程，是不断提出新问题、解决新问题的过程，体现了吴老师在小学数学教学改革中不断追求卓越的精神。从吴老师对“平均数”的三个版本的教学实践中，我们可以清晰地看到这种精神。

一、“三上平均数”凸显不断深化的学科理解

众所周知，课堂教学的设计与实施主要涉及三个基本要素，即学习内容理解、学生学习理解和教学活动设计。三个要素之间有着密切联系，最终指向学生核心素养的发展。学生发展的终极目标是通过教学实践一步步完成的，是在教师的引导下，在完成不同学习领域的一个个关键内容的学习过程中实现的。教师只有对所教的具体内容的本质及其对学生学习的教育价值有准确而深刻的理解，才有可能设计出

依托这一内容对学生进行有效教学的活动，在学习过程中启迪学生的智慧，打牢学生的基础，发展学生的素养。

平均数是小学数学中普通而重要的学习内容。这个看似简单平常的学习内容，不只涉及人们日常生活中常用的数学技能，更蕴含着重要的数学思想。随着数学课程教学改革的不断深入，对平均数这一内容的理解也被赋予更深的含义，其承载的教育价值也越来越受到人们的重视。吴正宪老师从20世纪80年代开始研究“平均数”教学，到2021年对“平均数”教学进行了多次探索和研究，不断有新的思路和新的实践。其中有代表性的是“1D版平均数”“2D版平均数”“3D版平均数”三个阶段的典型案例，从这三个版本的“平均数”教学中，我们看到设计者对学科理解的不断深入。

“平均数”这个内容的学科理解可以概括为三个层次，即学会计算方法，理解算术概念，感觉统计意义。从吴老师三个版本对“平均数”教学目标和重点的阐述中，我们清楚地了解到她对“平均数”内容本质理解的不断深入和提升。“1D版平均数”的目标是让学生“认识平均数应用题的结构特征，明确数量关系，探索解答规律”；“2D版平均数”的目标是让学生“体会平均数产生的必要性，掌握平均数的算法意义，理解平均数的概念意义”；“3D版平均数”的目标是让学生“感受平均数是代表一组数据整体平均水平的统计量，体会‘代表性’和‘随机性’，了解实际应用”。从“数量关系”到“体会平均数的必要性，理解平均数的意义”再到“感受平均数作为统计量，体会其代表性和随机性”，是对平均数本质理解的不断提升。学科理解的层次水平，决定了教学的重点难点以及教学活动的着力点。对教学重点的阐述体现了学科理解的层次，从“掌握求平均数问题的解题方法”到“在情境中理解平均数的概念意义”再到“理解平均数的统计意义”。基于学科理解的教学目标和教学重点直接影响到教学活动的设计与实施过程，这体现在三个版本中情境的设计，活动的展开，以及课堂生成的师生、生生互动的重点上。

“1D版平均数”的情境：通过两个小实验“怎样使这两杯水同样多？”和“怎样能把两根绳子分为相等的两段？”渗透“移多补少”，进而帮助学生理解平均数。这显然是与掌握求平均数问题的解题方法的重点直接相关。

“2D版平均数”的情境：创设两个小队拍球的情境，通过情境体会怎样才公平。这是从掌握平均数的计算方法，到体会平均数产生的必要性和平均数的统计意义。

“3D版平均数”的情境：创设了两个情境，一是跳绳的情境，不仅让学生体会平均数的必要性，还重点让学生理解平均数的统计意义。对于两个“92个”的设计，使学生理解平均数是一个统计量，与具体的某一个人跳的“92个”的意义不同。二是真实的情境“6岁以下儿童乘车免票标准1.1米”是否合理。这是利用平均数解决真实的问题，并且让学生进一步认识平均数的随机性特征。

情境为提出问题和解决问题而设计，情境是针对希望达成的目标而展开的。三个版本“平均数”的情境设计，引发了不同指向的教学活动，包括对平均数计算方法的理解、不同类型数据的呈现、课堂的讨论交流、统计意义的展示等等，这些活动都与特定教学目标的达成密切相关。从用手势表示移多补少，到讨论怎样才能使比赛公平，再到对两个“92个”的不同含义的讨论，体现了吴老师对平均数内容本质理解的不断升华。

二、“三上平均数”体现一以贯之的儿童数学思想

吴老师主张为儿童提供“好吃又有营养”的数学，这种为了儿童的数学观是其数学教育思想的核心。“三上平均数”充分体现了这样的数学教育观。

充分考虑儿童的发展水平，激发儿童的学习动机。平均数对于学生来说并不是全新的内容，在学生的经验中经常出现平均数。三个版本的“平均数”教学虽然达成的目标不断提升，问题的情境不断变化，活动的方式有所不同，但关注学生的发展、把学生放在课堂教学的中央、处处引发学生的兴趣、关注学生的体验、倾听学生的心声、引导学生思考的教学宗旨没有变。“1D版平均数”中用两个水杯让学生体会“移多补少”，充分利用了学生当时加法运算的基础知识；“2D版平均数”中的拍球更是学生常见的活动，将这个活动以小组比赛的形式在课堂中呈现，更使学生产生兴趣，使学生切身体验利用平均数的必要性。“3D版平均数”中跳绳比赛的成绩，使用事前学生活动的数据，展示两个小组的跳绳的情况，引起学生持续探究的动力。特别是对于两个“92个”意义的讨论，不仅使学生理解平均数的统计意义，更让学生感受到平均数就在自己的身边，体验学习数学的魅力。对于生活中常常遇到的各种数据，如果对其进行深度探索和研究的话，会带来更多的信息，引导学生感受到数据的力量，进而培养学生的数据意识。

引起学习过程中的认知冲突。以“3D版平均数”中的确定免票乘车儿童身高标准的问题为例，这一现实问题不能直接运用所学的知识和方法解决，这至少在两个方面引起学生学习的认知冲突。一是没有具体清晰的条件和问题，甚至所解决的问题看起来还不是一个明确的

数学问题。这与以往学生对于数学问题的认知是不一致的。学生习惯于处理“已知条件是什么，所求问题是什么，用什么样的方法把条件和问题建立起联系”这类问题。二是当确定通过调查找出平均身高的方法解决问题时，学生面临的问题与以往学习的求平均数问题的方法也产生认知冲突：平均数=总数量÷总份数。现在的问题中有多少个人也不知道，更谈不上求总数量了。与学生熟悉的、数学化了的平均数问题不同，在学生解决问题的认知方式上产生冲突。在这里，解决平均数的问题，不是简单地先求一组数的和，再除以这组数的个数，而是先找到这一组数是什么，然后才能想办法求出平均数。

面对这样的问题，吴老师引导学生进行开放的、深度的思考与交流，把问题聚集在调查平均身高上，再解决如何求平均身高的问题。

师：刚才进行了小组讨论，现在请说说你们的想法。

……

生：我们小组定的新标准是身高1.3米以下的可以免票。

师：你们都同意这样做决定？有问题吗？

……

师：你们怎么理解平均身高120厘米？从下面的图（图略）中看出了什么？

……

以上的教学片段（详见前文第48—52页）涉及几个与统计有关的概念：样本，随机，数据的搜集、整理，求平均数。平均数的计算在这里似乎淡化了，但统计的味道更浓了。学生在不断地解决认知冲突的过程中，深入地思考与探究，经历了数据分析的过程，平均数的重要意义也凸显出来。

三、“三上平均数”彰显永无止境的数学教学研究

一个看似简单的平均数问题，吴老师设计了三个版本。“三上平均数”的探索历经40年，这从侧面折射出一位数学教育研究者孜孜以求的探索精神。“1D版平均数”追求的是如何理解平均数的意义，如何掌握计算平均数的方法，基本上是以知识与能力为重心的教学设计。“2D版平均数”是在课程改革背景下的教学设计，试图通过学生的实际操作，初步体会平均数的统计意义，教学中体现数据的搜集、整理、呈现的过程。“3D版平均数”更加凸显平均数作为一个统计量的统计意义及随机性特征，同时更加突出了运用平均数解决真实问题的理念。从中我们了解到，对于小学数学教学问题的研究总是不断深入的，探索之路没有止境。

第一，对小学数学核心内容和关键问题需要持续不断的深度探究。平均数是小学数学的核心内容，是反映数学学科本质的内容，有助于培育学生的核心素养。对于平均数的学习随着课程改革的深入不断被赋予新的意义和价值。对数学学科本质的理解，对学生数学学习特征的解读，以及对数学教学目标的拓展与提升，都会对这一内容的教学提出新的要求。吴老师对平均数的多年探索和在教学实践中积累的典型案例，是小学数学教学研究的范例，启发小学数学教育研究者不断研究小学数学教育中的关键问题，深刻理解小学数学的学科本质和学生学习的认知特征，从解决一个问题，到解决一类问题，使小学数学教学研究越来越深入，越来越扎实。

第二，始终把学生的发展放在首位。平均数作为重要的统计量，与现实问题有密切联系。以真实的问题为研究主题，在解决真实问题的过程中，培养学生综合运用所学知识解决问题的能力，使平均数不

只是孤立的单一的计算方法，将其融入综合不同知识建立数学模型解决问题的视野中，让学生真正体会平均数的价值。在研究小学数学中典型的重要问题的过程中，始终把学生的发展放在首位，关注学生知识技能的掌握，关注学生思维方法的获得，更关注学生终身发展需要的核心素养的培育。为学生提供更开放的探究与思考的空间，会使学生潜能得到更好的释放，学生的核心素养得到很好的发展。

第三，在小学数学教学改革中追求卓越。吴老师在小学数学教学的研究中从不满足，永不止步，不断追求卓越。“三上平均数”的探索不是为了出新而出新，而是对以往教学设计的不断反思与升华，是对这一主题教学不断进行的有意义的探寻与提升。这也许是作为教育研究和实践者最重要的品质吧。

期待吴老师有更多主题内容的三版或n版教学案例，希望更多的教师和研究者从中受益。

出 版 人　郑豪杰
责任编辑　郑　莉
版式设计　蓝喜闻　郝晓红
责任校对　贾静芳
责任印制　叶小峰

图书在版编目（CIP）数据

小学数学结构化单元教学丛书. 平均数 / 吴正宪，武维民，张秋爽丛书主编；张秋爽，施银燕，刘伟男主编. —北京：教育科学出版社，2023.6
ISBN 978-7-5191-3299-6

Ⅰ. ①小… Ⅱ. ①吴… ②武… ③张… ④施… ⑤刘… Ⅲ. ①小学数学课—教学法 Ⅳ. ①G623.502

中国国家版本馆CIP数据核字（2023）第066479号

小学数学结构化单元教学丛书
平均数
PINGJUNSHU

出版发行	教育科学出版社		
社　　址	北京·朝阳区安慧北里安园甲9号	邮　　编	100101
总编室电话	010-64981290	编辑部电话	010-64981357
出版部电话	010-64989487	市场部电话	010-64989009
传　　真	010-64891796	网　　址	http://www.esph.com.cn

经　　销	各地新华书店		
制　　作	北京京久科创文化有限公司		
印　　刷	北京华创印务有限公司		
开　　本	880毫米×1230毫米　1/32	版　　次	2023年6月第1版
印　　张	4.5	印　　次	2023年6月第1次印刷
字　　数	99千	定　　价	35.00元

图书出现印装质量问题，本社负责调换。